京急電車の運転と車両探見

はじめに

　明治31（1898）年創立、翌32（1899）年1月21日、川崎と大師間の2kmにも満たない大師電気鉄道として産声を上げた京浜急行電鉄（以下京急）は、電気鉄道としては日本で一番長い歴史をもつ。電気鉄道の技術がある程度確立されて以降に開業した後発の電鉄や、蒸気鉄道から転向した鉄道会社に比べ、電気鉄道の黎明期からの発達を経験してきた、数少ない電鉄会社である。

　路線は、東京湾沿いに品川から横浜を経て三浦半島まで延びる本線の泉岳寺－浦賀間56.7km、空港線の京急蒲田－羽田空港国内線ターミナル間6.5km、大師線の京急川崎－小島新田間4.5km、逗子線の金沢八景－新逗子間5.9km、久里浜線の堀ノ内－三崎口間13.4kmからなる合計87.0kmで、一日約240万人の乗降客を数える。

　横浜市南部から横須賀市にかけては近郊通勤路線であり、逗子・三浦方面はレジャー観光路線の要素もあるほか、近年では羽田空港の沖合拡張に合わせて空港線を延伸、新たに空港アクセスを担う鉄道としての重要性が増している。

　京浜間に路線を延長した明治37（1904）年以来、国鉄線（現・JR線）と並行する立地から、利便性の要求が強くあり、高速頻繁運転を基調とする伝統が培われ、速達列車と普通列車による緩急結合の列車運行が行われている。

　本線および空港線の京急蒲田付近の連続立体化工事により制約の多い工期中、本線「快特」の途中列車併合と分割運転をはじめとした柔軟な対応により、従来の都市間連絡と羽田空港アクセスを担ってきた。その運行を支えるのが、高加速・高減速性能に優れた車輌群である。

　長期にわたった立体化工事も高架線への切り替えはすでに終了し、高架線取り付け部の工事や駅施設面での工事を残すのみとなり、列車運行の制約も解消した。車輌も初代高性能車と呼ばれる発電ブレーキ車は引退し、100パーセント電力回生ブレーキを備えた車輌となり、新たなコンセプトによる汎用性車輌の1000形の増備が続けられている。このような京急の現況を、運転と車輌の面から探見してみようと思う。

目次

カラーグラフ	赤い電車が走る街 京急電車 沿線の風景	4
運転探見	❶ 列車運転の基本	16
	① 列車ダイヤ	17
	② 運行番号と列車番号	18
	③ 列車の種別	22
	④ 運転の基本パターン	23
	⑤ 列車の組成	24
	⑥ 運転速度	25
	コラム　京急蒲田駅付近の高架化による線路変遷	26
	❷ 最近の列車ダイヤの変遷	28
	❸ 追跡！ 一日の運転	34
	① 京急の一日	34
	朝	34
	列車の始動	34
	平日朝のラッシュ	37
	土休日の朝	44
	朝ラッシュの収束	45
	日中	46
	日中列車運行の基本パターン	46
	コラム　京急蒲田駅での列車運転パターン	50
	支線の列車運行	51
	夕方から夜間	54
	「京急ウィング号」の運転が始まるまで	54
	「京急ウィング号」の運転開始	56
	夜間運行から深夜の収束まで	59
	② 年末年始	62
	③ 臨時列車	63
車輌探見	車輌総説	64
	❶ 1000形	72
	❷ 2100形	88
	❸ 600形	100
	❹ 1500形	114
	❺ 2000形	126
	❻ 800形	140
	❼ 電動貨車	152
	❽ 初代1000形	164
	❾ 二代目700形	168
	❿ 譲渡車輌	172
データベース	現有形式車歴表(全車)	177
	廃車一覧表	188
	表示器字幕一覧表	191

大扉：ステンレス車体の1000形　久里浜工場信号所　平24.3.18

赤い電車が走る街
京急電車 沿線の風景

▲品川駅で電車を見る親子連れ。スピードの速い京急は子どもたちに人気。連結作業中の「KEIKYU BLUE SKY TRAIN」塗色と通常塗装の600形　　品川　平23.10.8

本線（泉岳寺－横浜間）

▶黄色く燃え立つようなイチョウ並木をバックに品川駅に向かって来る「A快特」泉岳寺行き　　平24.12.6

◆赤い電車が走る街　京急電車 沿線の風景◆

日本で３番目に古い電車として、明治32（1899）年から走り始めた大師電気鉄道をルーツの一つにもつ京浜急行電鉄。以来110年以上にわたって沿線の人々を運び続けてきた。ビルが林立する都心の風景から東京湾の穏やかな海を望む景色まで、その多彩な風景を品川駅から順にたどってみよう。

▲近年高架化された梅屋敷駅にを発車して京急蒲田駅に向かってかけ上る「普通」。ホームの延長が４輌分しかなく、ドアカットが行われていた面影はもうない　　　　　　　　　　　　　　　平24.10.27

◀品川駅付近にそびえ立つビル群をバックに快走する下り「特急」
　　　　　　　　　　　　　　　　　青物横丁　平24. 8.22

空港線（京急蒲田－羽田空港国内線ターミナル間）

◀高架化された京急蒲田駅から空港線へ向かう「エアポート急行」。急カーブ部分で起こるレールと車輪の摩擦音を減少させるために散水されているのが分かる　　京急蒲田　平25.10.14

▲駅が第1ビルと第2ビルの2つに分かれている東京モノレールと違い、京急の羽田空港の駅は1つのみ。羽田空港国内線ターミナル駅に到着して車輌前方はANAなどが発着する第2旅客ターミナル、後方はJALなどの第1旅客ターミナルへと直結している　　平25.11.19

▼踏切解消のため京急蒲田駅付近は連続立体化工事が完了。京急蒲田から空港線に入る「エアポート快特」。空港線内は国際線ターミナルまでノンストップで、都心を経由して成田空港と羽田空港の両駅を結ぶ　　京急蒲田－糀谷　平25.2.9

◆赤い電車が走る街　京急電車　沿線の風景◆

▲連続するトラスは、色が違うもののまるでお稲荷さんへ続く鳥居のよう。全長546mの六郷川橋梁を渡る600形
京急川崎－六郷土手
平25.12.29

◀上りの「快特」が新設された高架区間へ向かって高度を上げる。下り方面は「だるま」の愛称がある800形が勾配を下ってくる
雑色－六郷土手　平25.3.8

7

大師線（京急川崎－小島新田間）

▲京急川崎に停車中の干支にちなんだヘッドマークを掲げる大師線の電車。2面3線の大師線ホームは高架上にある本線とは違い、地上ホーム　　　　　　　　　　　平23.1.29

◀雪にもめげずに走る1500形。大師線の沿線には工場が多く、通勤者の大切な足となっている。川崎大師駅から港町駅付近まで見られた高圧電線ケーブルの鉄柱は現在上部が切り取られた
鈴木町－港町　平25.1.14

▼京急が開発する大型タワーマンションの「リヴァリエ」が分譲開始されたことからリニューアルした港町駅。リヴァリエの立つ場所にはかつて日本コロムビアの工場があった。日本コロムビアに所属していた美空ひばりの「港町十三番地」は港町がモデルと言われている。その縁で駅ホームや駅舎は音楽をモチーフとした装飾で彩られ、改札前には歌碑も立てられた
平26.1.8

◆ 赤い電車が走る街　京急電車 沿線の風景 ◆

▲干支にちなんだヘッドマークを掲げて走る大師線の1500形。平成26年の正月は2種類の絵柄のヘッドマークがあった
東門前－産業道路　平26.1.25

▲六郷川橋梁を渡ると神奈川県へ入る。線路はそのままの高さを保ち、八丁畷駅手前まで高架が続く。京急川崎から先は左右に空間が空き、まるで空中を飛んでいるかのような感覚。リバイバル塗装の2000形が走る
京急川崎－八丁畷　平25.2.3

▼鶴見市場－京急鶴見間で鶴見川橋梁を渡る1000形。1000形はアルミ車とステンレス車を合わせて一大勢力となった　平21.6.12

9

▲黄色の事業用車デト11形の姿が目立つ神奈川新町駅。駅に隣接して新町検車区があり、ひととき体を休める車輌も眺められる 平25.4.8

▼戸部－横浜間の橋梁を渡る1000形。桜の咲く時期には石崎川に沿って桜のトンネルが続く 平25.3.26

◆赤い電車が走る街　京急電車 沿線の風景◆

本線(横浜－浦賀間)

▲日ノ出町－黄金町間の高架を進む。大岡川の岸辺には桜並木があり、春には桜を愛でる屋形船がしばしば行き交う　　　　　　　　　　　　平24. 4. 7

▶雪の積もったある日、弘明寺へと到着する600形の「普通」。積雪に備えてダイヤを守るためさまざまな努力がなされる　　　　　　　　　　　　平25. 1. 14

▼上大岡－弘明寺間の高架区間。右も左も緩やかな丘陵になっており、斜面に多くの家が並ぶのが見える　　　　　　　　　　　　平25. 12. 3

11

▲能見台駅へ向かってくる800形の「普通」。首都圏の中でも温暖な地域だが、この日は珍しく雪が降りしきる　　　　　　　　　平24.2.29

▼ホームから茅葺き屋根の建物が望める金沢八景駅。現在は民家となっているが、その昔は円通寺という寺院の客殿だったという。この建物の左手には湘南電気鉄道時代の瀬戸変電所の古い建物も現存する　　　　　　　　　　平24.4.13

▲金沢文庫から金沢八景方面を見る。金沢文庫駅に隣接して金沢検車区があり、そこへ向かうために線路が入り乱れるように伸びる。車輛の増結や切り離しが行われる金沢文庫は、運用上の拠点駅となっている　　　　　　　　　平24.4.13

◆赤い電車が走る街　京急電車 沿線の風景◆

逗子線（金沢八景－新逗子間）

◀逗子線の昼間は「エアポート急行」のみの運転だが、朝は「普通」や「特急」も走る
新逗子－神武寺　平25.10.8

▼神武寺－新逗子間のS字カーブを行く下り列車。逗子線は本線と同じく、昭和5（1930）年に湘南電気鉄道の路線として開業した　　　　　　平25.3.1

◀新逗子発「エアポート急行」には、平日1本だけ都営車による運用がある　　　　　　神武寺－六浦　平24.11.5

13

▲トンネルとトンネルに挟まれるように設けられた汐入駅。山から直接海に落ち込む谷戸と呼ばれる急峻な地形を穿ち、路線が敷かれている　　　　　　　　平22.11.1

◀梅の咲く季節に京急田浦－安針塚間を行く。京急田浦から県立大学にかけてはトンネルが続く　　　　　平25.3.13

▼堀ノ内－浦賀間は「快特」が走らない区間だが、こちらが本線。馬堀海岸駅からは冬の晴天日には富士山も望める
　　　　　　　　　　　　　　　　　　　　　　平25.12.17

◆赤い電車が走る街　京急電車 沿線の風景◆

久里浜線(堀ノ内－三崎口間)

▲秋のある日、京急久里浜－YRP野比間の築堤上を行く1000形。この区間には全長681mの野比トンネルがある　　　平25.10.30

◀穏やかな東京湾の海の向こうには房総半島の山々を望む。海の近さを感じられる場所だ　　　YRP野比－京急長沢　平25.11.13

▲春爛漫、河津桜と菜の花に彩られた久里浜線最終区間を走る2100形の「快特」　　　三浦海岸－三崎口　平22. 2.23

15

概要

　京急は、京浜電気鉄道と呼ばれた開業当初から、京浜間で国鉄(現・JR)と路線が並行・接近しており、また湘南電気鉄道として開業した横浜以南の逗子や横須賀でも東京に直結するJR横須賀線があり、全線にわたって速達性が要求されてきた。

　加えて、首都高速湾岸線や横浜横須賀道路、三浦縦貫道などの自動車専用道路の開通は、移動時間の短縮と利便性において京急にとっての脅威として受け止められた。長年にわたり列車のスピードアップが熱心に行われた結果、「京急は速い!」というイメージが培われてきた。

　これにより通勤路線でありながら、速達性列車の「快特」は最高運転速度を120km/h(本線品川－横浜間、横浜以南は110km/h)とし、首都圏では珍しい運賃のみで乗車できるハイグレードの2扉クロスシート車を投入して、快適性の向上が図られている。

　また、JR線に比べ駅を多く設け、これらを丹念に停車する「普通」列車と、速達性列車の「快特」とのスムーズな接続によって、緩急結合型の典型的な列車運行パターンを形成している。さらに、近年は羽田空港の拡張と国際化に応えて、都心と横浜の二方面からの空港アクセスを担うという重要な側面が加わった。

列車運転の基本

運転探見

運転探見 ① 列車運転の基本

早くから国鉄や自動車専用道路との熾烈な競争にさらされてきた京急。そのために「速さ」が常に求められてきた。ここではその「速さ」をはじめ、都営地下鉄浅草線など他者線への乗り入れによる利便性や、羽田空港へのアクセス路線としての使命など多くの要求に応えるために編み出された、京急のさまざまな列車運転の妙技を見てみたい。

▲「普通」は6輌固定編成の800形がその役を担う　平21.9.3

▲品川駅での日中、上下線ホームに停車中の「快特」。左は品川を出るとノンストップで羽田空港へ向かう京急車受け持ちの600形「エアポート快特」。右の「A快特」はハイグレードな2100形　平25.10.7

❶ 列車ダイヤ

1960年代から始まった他者線への乗り入れが鍵に

列車ダイヤとは本来、トレインダイヤグラム（列車運行図表）のことで、列車の運行を縦軸に駅（距離）、横軸を時間として、列車の運行を線で表した、いわばアナログ表示の線グラフのことで（時刻表はそれを数値に置き換えたデジタル表示といえる）、ダイヤグラムや時刻表は、列車という鉄道事業における商品のカタログのようなものである。しかしながら一般的には、列車ダ

▲朝に顔を出す都営線系統の「エアポート急行」。車輌は京成電鉄の3700形　京急蒲田－糀谷　平24.10.25

イヤといえば列車運行そのものを指すように浸透している。

　鉄道会社は沿線の通勤、通学、観光など多様な輸送需要に応じて列車を走らせている。列車運行の区間、時分、本数や編成輌数などは、これらの需要を満たすため、効率よく列車を運行させることを目的としている。また、駅や線路などの施設や保有する車輌数やその性能をはじめ、運転士や車掌の乗務員、安全輸送の要である運行管理や保守などの人員も含め、これらの限られた要素をもとに、列車運行図表（列車ダイヤ）が作成され、それに応じて日々の運転が行われている。

　京急の列車ダイヤは、これらの条件と共に、都営地下鉄浅草線を介して京成電鉄、北総鉄道、成田高速鉄道などと相互直通運転を行っているので、各者独自の運転パターンとの調整により策定されている。

　都営浅草線の相互直通運転の歴史は古く、わが国初の郊外電車と地下鉄の相互直通運転が、昭和35（1960）年12月に京急電鉄との間で始まり、昭和43（1968）年6月には京急が加わり、3社局の相互直通運転が始まった。

　各々乗り入れ先では、他者の車輌を使用して旅客を乗せ運賃を収受するのであるが、その収益について各者間で金銭のやり取りをせず、お互いの乗入れ列車の走行距離を調整して精算する方式を採用しているため、このことが列車ダイヤを策定するときの重要な要素となっている。

❷ 運行番号と列車番号

列車番号に秘められた意味からその列車の運用がわかる

　一本の編成に仕立てられた車輌は、車輌基地から出庫して入庫するまで、一桁ないし二桁の奇数による運行番号が与えられ、列車ダイヤに従って運転される。

　京急の車輌は正面上部に行き先、列車種別とともに、「5A」や「11A」といった一桁ないしは二桁の数字が表示されている。普通列車以外（ただし一部を除く）は、数字のあとに列車種別に対応した「A」や「SH」などのアルファベットが加えられている。これが「運行番号（運番）」で、一目で列車の素性を知ることができる。

　実際は車輌基地を出て戻るまで始発駅と終着駅間を何往復もするので、それぞれの列車の運行番号の前に始発駅の発車時刻を加えたものを「列車番号（列番）」としている。

　一般的に、都心から地方に向かう下り列車を基準として、上り列車は運行番号から1を引いた偶数としているが、京急では下り（南行）列車を運行番号から1を引いた偶数とし、上り（北行）列車を奇数としている。

　これは都営浅草線が京成線方面から建設されてきた経緯によるもので、京成線での上下列車の基準を踏襲していることに起因している。

　京急線内では、横浜方面から空港線に直通する「エアポート急行」が京急蒲田で方向転換するので、列車番号を奇数（本線は北行列車）から偶数（空港線内は南行列車）番号に変更する。また大師線のような短距離の往復運転では、1時間内に数往復することになるため、2往復目は末尾に「X」、3

往復目は「Y」、4往復目は「Z」を加えている。

この列車番号は、運行状況把握から忘れ物探しまで、列車を特定する重要なものとして時刻表の最上部に表示してある。

それでは、泉岳寺始発11時55分発「快特」第1112A列車をみてみよう。この列車は末尾「12A」ということから、元は快特「13A」運行の列車となり、京急久里浜からの第1013A列車の折り返しということがわかる。

第1112A列車は三崎口に13時04分に到着すると、折り返し13時17分発の第1313Aとして発車していく。こうして時刻表の下り、上りのページをひっくり返していくと、基本的には出庫から入庫までの運行がわかる。

なお一部の運用では、途中で車種や編成輌数変更のため、車輌振り替えが行われることがあり、同じ運番でも出庫時と入庫時で車種、編成輌数が違っていることもある。

ところが時刻表上では始発駅で突然現れて、終着駅到着後消えてしまう列車がところどころにある。その理由は、前後が回送列車となる場合と、終着駅で運番変更が行われて列車種別も変更されてしまう場合とがある。これは、時刻表には回送列車など非営業列車が一切記載されていない(一般には必要ない)からで、先の快特「13A」運行も、品川発の「912A」列車として現れる。

その前歴は浦賀発の快特「819B」列車の折り返しで、さらに「618C」→「501H」→「401A」に行きつき、早朝の三浦海岸始発の快特に遡る。このような列車運行の妙味は、列車運行図表を見なければわからない。

さらにダイヤグラムを一見してもわからない、8輌編成の特急が突然現れる現象が、平日朝の品川駅でみられる。これはダイヤグラムと共に、一般には目にできない列車組成表によらなければ謎は解明できない。

◆列車運転の基本◆

「1A」列車の運行番号と列車番号を追う

ここでは1本の列車が、実際にどのような運行になっているのかを追ってみよう。「快特」で始まり、「エアポート急行」や「特急」にもなるその変身ぶりを見てみたい。

▶出庫は三浦海岸発の「1A」列車。「快特」の「401A」として羽田空港へと向かう
逸見
平24.7.17

▶羽田空港からは「1H」の「エアポート急行501H」となり泉岳寺へ向かう
穴守稲荷−大鳥居
平24.8.22

▶泉岳寺からは折り返し浦賀行きの「19C特急」の「618C」となる
黄金町
平25.9.3
福井紘一

● 「1A」列車の行路表

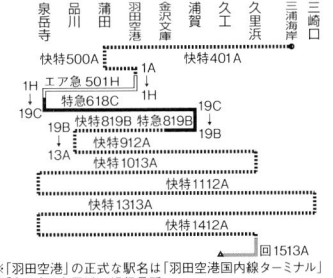

※「羽田空港」の正式な駅名は「羽田空港国内線ターミナル」
※「久工」は久里浜工場信号所

▲「H特急」は品川以遠は「普通」となって直通運転を行う
　　　　　品川　平25.10.18

◀列車番号の後にBが付く平日朝の「B特急」は金沢文庫行きとして運転
　　　金沢八景－金沢文庫
　　　　　平25.10.23

▶「B特急」は金沢文庫以北は「B快特」となり品川行きと表示が変更される(右)
　　　金沢文庫　平25.4.5

列車運転の基本

京急路線図

❹ 列車の種別

「エアポート急行」の出現により「快特」「普通」との3種別体制へ

近年、京急の列車は「普通」と、速達列車として「快特」の2種別が基本で運行されてきた。しかし、平成22（2010）年5月、京急蒲田付近連続立体化工事が進捗し、上り線が高架化されたことによるダイヤ改正に加えて、同年夏に開業予定の成田高速鉄道（成田スカイアクセス）と、同年秋の羽田空港国際線ターミナル駅開業を見据えて、新逗子-羽田空港間に「エアポート急行」を新設したことにより、久方ぶりの自社線内急行列車の復活がなされ（空港線直通の他者乗入れ運用には急行は存在していた）、3種別となった。

快特には京急自社線内（泉岳寺以南）で運転される「A快特」と、都営地下鉄浅草線方面（他者線）に乗り入れる「SH」（乗り入れ先の他者線では「H」と表記）快特の2種類がある。

また、本線系統には早朝深夜、朝夕のラッシュ時間帯には「快特」の停車駅を増やした「特急」が運転される。特急は自社線内で運転される「C特急」と、浅草線に乗り入れる「H」特急の2種類に分けられる。

平日朝のラッシュ時間帯には、その昔は「通勤快特」と呼ばれた。金沢文庫を境にして以南は「特急」、以北は「快特」の停車駅とした列車が運行され、始発駅から金沢文庫までは「B特急」、金沢文庫以北は「B快特」と呼ばれる。

京急本線上から自社線内の「急行」の種別が消えたのは平成11（1999）年の夏だったが、それが平成22（2010）年5月、運行番号の末尾に「D」を表示した「エアポート急行」として復活した。しかし、かつての急行とは異なり、空港アクセス優先の他者線との接続を重視した停車駅に様変わりしている。「エアポート急行」にはこの新逗子-羽田空港系統の「D急行」のほかに、時間帯により他者線からの品川方面空港線直通の急行も「エアポート急行」と名のる。

また、平日夜間、2100形による座席定員制の「京急ウィング号」は、京急唯一の有料列車で、品川-上大岡間は無停車、上大岡以遠は一般乗車ができ、実質上「A快特」となるが、終着駅まで「京急ウィング号」として運転される。

他者線からの空港線直通列車は日中「快特」で運転され、一部は品川-国際線ターミナル間無停車の「エアポート快特」（他者線内では「アクセス特急」）となり、早朝から朝ラッシュ時と、夜間から深夜は「エアポート急行」として運転される。

▲京急の列車種別には各駅停車（各停）はなく、普通列車（普通）と呼ぶ 　金沢八景-金沢文庫　平25.10.23

④ 運転の基本パターン

羽田空港へ、品川へ、乗り入れ先へ 目的地と支線内の需要に応じた運転

　平成22(2010)年5月の「エアポート急行」運行開始、同年10月の羽田空港国際線ターミナル駅の開業を経て、平成24(2012)年の京急蒲田駅付近の上下線高架化による「エアポート急行」の増発をはじめとした改正により、空港アクセスの一応の完成を見た。

　日中の本線系統は京急蒲田以南で、「普通」は品川－浦賀系統、「エアポート急行」は本線の金沢八景から逗子線直通系統、「快特」(「A快特」と「SH快特」の交互．)は本線の堀ノ内から久里浜線直通系統で、3種別列車がそれぞれ10分毎に運転されている。

　都営地下鉄浅草線－羽田空港直通では、他者からの「快特」が10分毎で運行され、本線品川－京急蒲田間では本線系統の「快特」(A・SH)と合わせて、「快特」は5分毎、「普通」は10分毎で運転。「快特」は全列車品川－京急蒲田間は無停車なので、途中の「普通」停車駅のため、20分毎に品川－京急蒲田間の「普通」が運転される。

　空港線内は他者線からの羽田空港国際線ターミナルまで無停車の「快特」と、空港線内各駅停車の新逗子からの「エアポート急行」が、それぞれ10毎運転となる。

　なお、他者線直通「快特」は、40分毎に1本「エアポート快特」として品川－羽田空港国際線ターミナル間無停車で運転する。

　大師線、逗子線、本線堀ノ内－浦賀、久里浜線は10分毎運転が基本となっている。大師線は終日線内の「普通」の往復運転、逗子線は「エアポート急行」(D)、久里浜線は「快特」(A・SH)であるが、支線内は全種別が各駅停車となる。

　以上は日中のパターン化された時間帯の列車運行形態で、短時間に大量輸送が必要な平日朝ラッシュ時、混雑時間が長時間にわたる平日夕方ラッシュ時、初電や終電の早朝、深夜など時間帯によっては、基本運転パターンを変化させて、それぞれの需要に即した対応が図られている。

　他者線からの空港線直通系統では、早朝から朝ラッシュ時と夜間から深夜は「エアポート急行」が基本となり、京成本線系統で成田方面に行き来する列車も現れ、途中で種別が変わる列車もあって複雑である。

▲日中の他者線区から来た羽田空港への直通列車はすべて「快特」となる
京急蒲田－糀谷　平25.2.9

❺ 列車の組成

条件に応じて組まれる車輌形式と編成輌数

　京急では、2扉クロスシート車から4扉ロングシート車の4輌、6輌、8輌固定編成と用途に応じた各形態の車輌保有し、「快特」から「普通」までその列車に適した車輌を使用している。

　列車に使用する車輌形式や編成輌数などを「列車組成」といい、ダイヤ改正とともに毎列車ごとに使用形式や編成輌数は決められて、基本的に毎日同じ形式の車輌と編成で運転されている。実際の何号車を充当するかは、検査のサイクルや走行距離など多くの要素により、決められている。

　「快特」と「特急」は8輌固定編成が基本で、ラッシュ時には4輌固定編成を前部または後部に連結して、12輌編成となる列車がある。日中の「A快特」と「京急ウィング号」は、2100形使用が原則、「SH快特」は都営浅草線相互直通車輌である1000形、600形、1500形が共通で使用可であるが、「エアポート快特」(「アクセス特急」)に使用する運用が含まれる列車は、600形もしくは1000形の11次車以降(列車モニタ装備の関係)に限定されている。

　「エアポート急行」は、8ないし6輌固定編成となっており、1000形、600形、1500形、2000形が使用される。1000形、1500形、600形の4輌+4輌の8輌編成も可能な一方、2000形の4輌+4輌の8輌編成と、6輌編成であるものの4扉である800形は、羽田空港国際線ターミナル駅のホームドアとの位置関係で、空港線乗り入れは原則的に使用できない。

　「普通」は6輌または4輌固定編成で、すべての6輌、4輌固定編成が使用可能である。ただ「普通」には、早朝や深夜などに折り返し「快特」など他の種別に、またはほかの種別から「普通」に化ける8輌編成の列車がある。大師線は輸送量や駅の設備からす

▼日中の成田空港と羽田空港を結ぶ「アクセス特急」(京急線内は「エアポート快特」と呼称)には京急車運用が2本あるが、京急線に向かう平日の最終列車は羽田空港に向かわず三崎口を目指す
京成立石-四ツ木　平25.2.9

▲平日朝の「C特急」は本線、久里浜線、逗子線の各線から羽田空港へのアクセスを担う
金沢文庫-金沢八景　平25.10.23

列車運転の基本

べて4輌編成で運転されている。

他者からの空港線直通列車は早朝から朝ラッシュ時、夜間は「エアポート急行」、日中は「快特」または「エアポート快特」で、いずれも8輌固定編成の東京都交通局、京成電鉄、北総鉄道所属の車輌が乗り入れてくるが、列車種別に関係なく運番末尾のアルファベットは東京都交通局が「T」、京成電鉄が「K」、北総鉄道が「N」となっており、時刻表からも列車の車輌所属がわかる。京急も、品川以遠では同じように列車種別に関わらず、「H」を表示する。

京急に乗り入れてくる列車は、いずれも先頭車の先頭台車が動力付に限定されており、京成電鉄の3600形は京急線には乗り入れて来ない。

❻ 運転速度

列車線区や区間によって異なる最高速度

日中（土休日は日中から夜間にかけて）の「A快特」および「SH快特」は、品川－横浜間で120km/h、横浜以南は110kmで運転される。「エアポート急行」は京急蒲田－横浜間を110km/h、その他の区間は100km/h、空港線は京急蒲田－天空橋間100km/h、天空橋－羽田空港国内線ターミナル間は下り110km/h、上り100km/h、大師線は60km/h、逗子線は100km/h、本線普通は95km/hとなっている。

ただし、120km/h運転を行うのは、ブレーキ圧力を高めて法規で定める「非常ブレーキで600m以内に停止する」ことが可能な、非常ブレーキ増圧対応の車輌で編成された列車に限られ、800形と1500形鋼製車（1501～1520）は、非対応車輌である。なお、他者車輌による列車も120km/h運転は行わず、最高110km/hで運転される。

◀日中の「エアポート急行」
上大岡－弘明寺
平25.9.12

京急蒲田駅付近の高架化による線路変遷

京急蒲田駅部（仮線工法）

❶ 着工前
起工式　平14.5.25

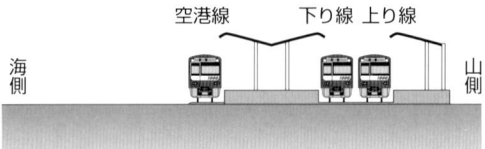

❷ 空港線仮移設
平17.10.2

❸ 下り線仮移設
平18.11.26

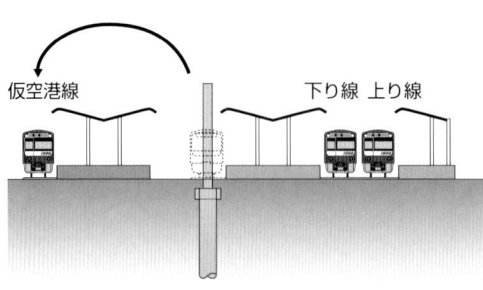

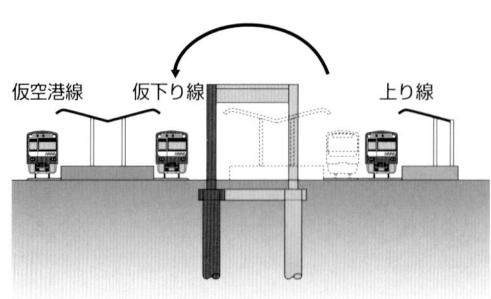

❹ 上り線仮移設
平19.12.2

❺ 上り線・空港線立体化
平22.5.16

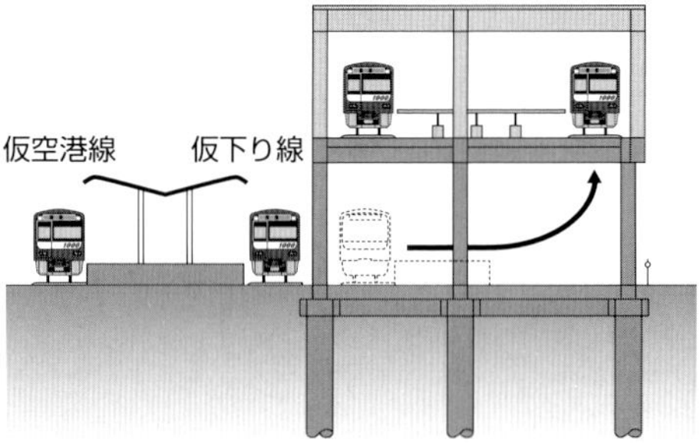

❻ 完成
平24.10.21

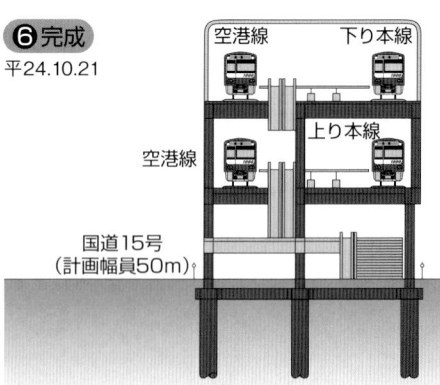

※品川方から横浜方を見た図

◆ 列車運転の基本 ◆

環状8号線付近部（仮線工法）

❶ 着工前

❷ 上り線仮立体 平20.5.18
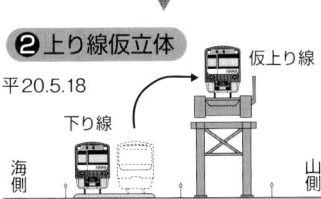

❸ 上り線立体化 平22.5.16
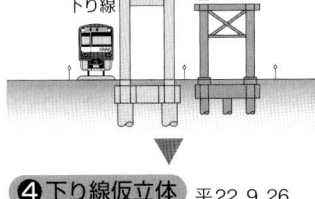

❹ 下り線仮立体 平22.9.26
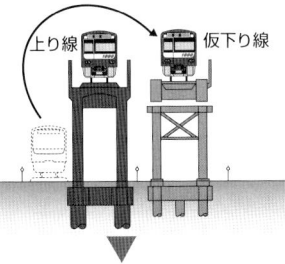

❺ 完成 平24.10.21
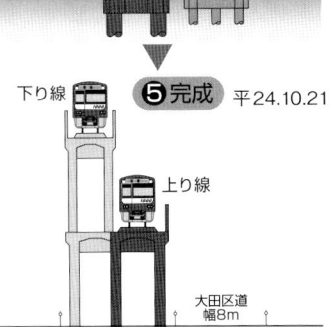

一般部（直接高架工法）

❶ 着工前
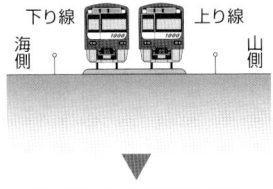

❷ 本設高架橋（工事中）
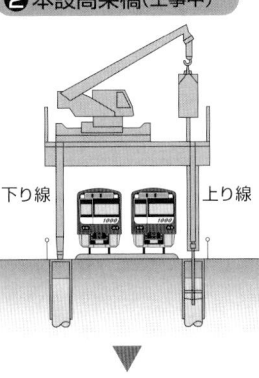

❸ 本設高架橋構築
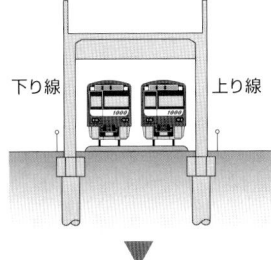

❹ 計画上り線切替え 平22.5.16

❺ 完成 平24.10.21
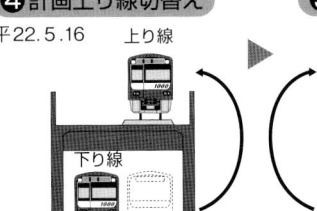

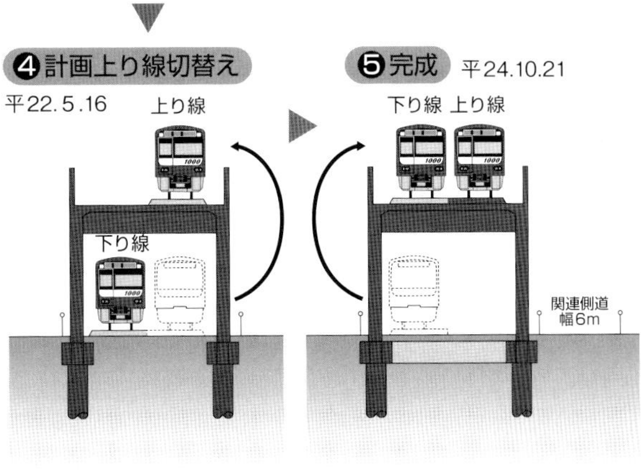

▲京急蒲田駅付近の連続高架化の様子。上方にのびる高架線が空港線
写真提供：京急電鉄

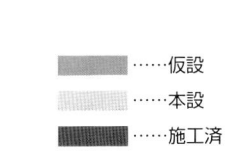
……仮設
……本設
……施工済

※品川方から横浜方を見た図
※空港線は京急蒲田方から羽田空港方を見た図

運転探見 ②

▲高架化切り替え目前の第一京浜国道を横断する2000形
京急蒲田－糀谷　平24.1.3

▲高架化工事が進み、上り本線高架線の完成により、上の仮線を使用して下りを仮の高架として環状8号線との立体化が図られた。このため上・下線が通常と逆の右側通行となっていた
京急蒲田－雑色　平24.10.4

最近の列車ダイヤの変遷

最近の列車ダイヤの変遷

羽田空港駅の開業によって確立した平成11(1999)年7月改正ダイヤから、成田高速鉄道(成田スカイアクセス)開業および京急蒲田駅付近の高架化に伴って、平成24(2012)年10月改正に今後の基本となる列車ダイヤパターンが登場することとなった。

◀金沢八景－金沢文庫間で羽田空港行き「普通」を追い越す泉岳寺行き「快特」(左) 平20.9.9

京急蒲田付近の高架化に伴い新たな基本パターンが確立

京急の列車ダイヤは、基本運転パターンを崩さずに、毎年小刻みな変更が行われている。しかし、ある期間を経ると、輸送需要の変化や長期プロジェクトの完成などにより、基本パターンを大きく変更する必要性が生まれてくる。

このような従来からの運転パターンを大きく変更する改正が白紙改正だが、まったくの新規開業でもない限り、従来施設を利用しての改良工事であり、180度の変更はありえない。

また、鉄道会社には歩んできた長い歴史によって培われたカラーが、沿線利用者にも浸透し、馴染んできた。都営浅草線を通じ、相互直通運転を行っている各者間でも、ほかの事業者の路線に入ると空気が変わるように、他者であっても同じことがいえる。

平成10(1998)年11月空港線の延長により、羽田空港(現・羽田空港国内線ターミナル)駅が開業、翌11(1999)年7月、数十年来馴染んできた列車種別の整理が行われ、これが平成24(2012)年10月の改正までは、ダイヤの基本パターンとなっていた。

その間、空港施設の拡張や京急蒲田駅付

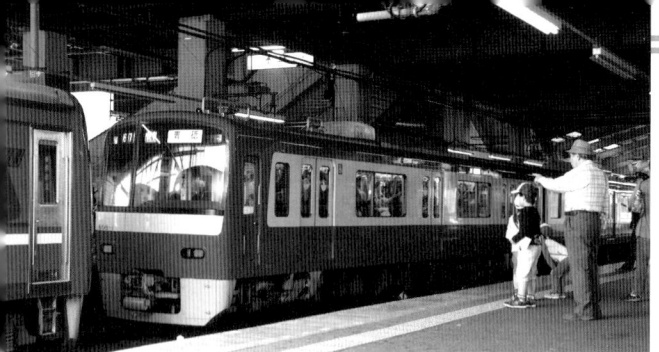

▲日中頻繁に列車の併合が行われ、乗客にも注目された
金沢文庫　平22.10.10

近の高架化工事が進められていたが、完成するのを待たずして、工事の進捗に合わせてさまざまな運転形態を生み出し、輸送力や空港アクセスの改善を図り、「京急の真骨頂」を見せてくれた。

平成23(2011)年の東日本大震災で節電ダイヤを余儀なくされた時期もあるが、平成22(2010)年の5月の京急蒲田駅付近の上り線高架化、7月の成田高速鉄道線(成田スカイアクセス線)開業、10月の羽田空港国際線ターミ

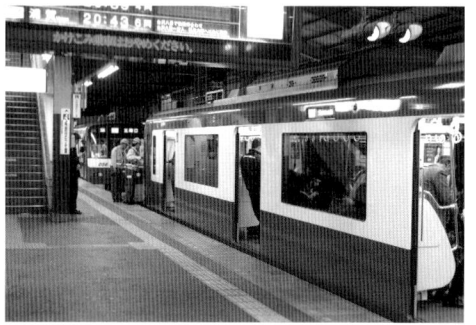

▲夜間、金沢文庫で分割した「快特」後部４輌は新逗子行きとなる　平22.11.24

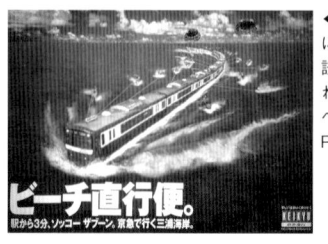

◀平成12年の夏に作られた海へと誘うポスター。これ以降は羽田空港へのアクセスのPRが主となった

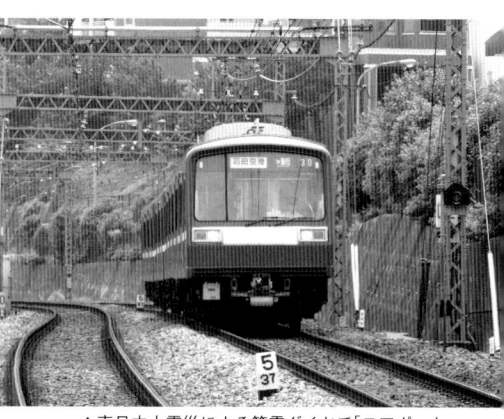

▲東日本大震災による節電ダイヤで「エアポート急行」も一部４輌編成で運転された
金沢文庫－能見台　平23．8．1

◀日中の金沢文庫では「SH快特」に浦賀からの「普通」４輌を品川まで増結する
平24.10.20

▶平成23年７月１日からの節電ダイヤの告知

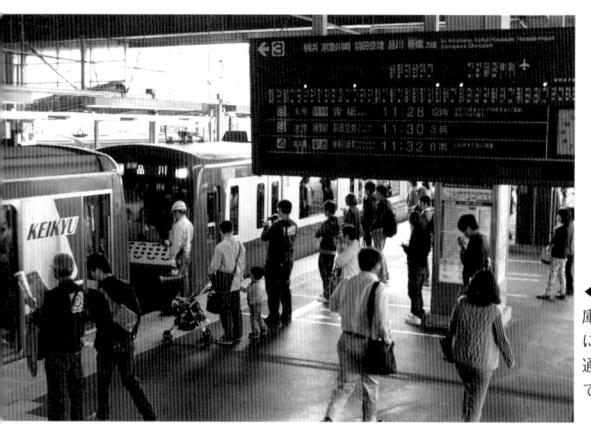

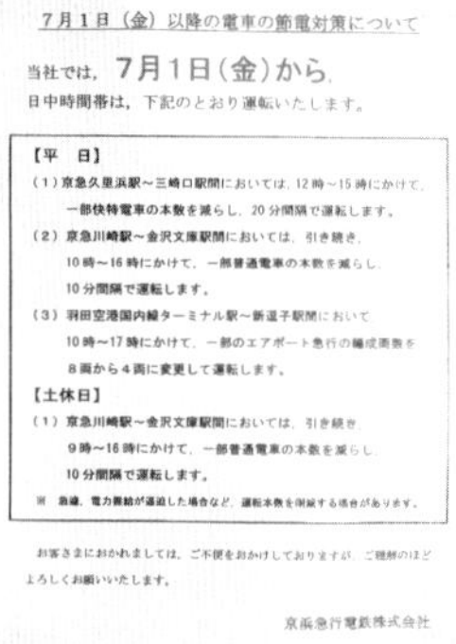

7月1日（金）以降の電車の節電対策について

当社では，7月1日（金）から，
日中時間帯は，下記のとおり運転いたします。

【平　日】
（1）京急久里浜駅～三崎口駅間においては，12時～15時にかけて，
一部快特電車の本数を減らし，20分間隔で運転します。
（2）京急川崎駅～金沢文庫駅間においては，引き続き，
10時～16時にかけて，一部普通電車の本数を減らし，
10分間隔で運転します。
（3）羽田空港国内線ターミナル駅～新逗子駅間において，
10時～17時にかけて，一部のエアポート急行の編成両数を
８両から４両に変更して運転します。
【土休日】
（1）京急川崎駅～金沢文庫駅間においては，引き続き，
９時～16時にかけて，一部普通電車の本数を減らし，
10分間隔で運転します。
※　急病，電力需給が逼迫した場合など，運転本数を増減する場合があります。

お客さまにおかれましては，ご不便をおかけしておりますが，ご理解のほどよろしくお願いいたします。

京浜急行電鉄株式会社

最近の列車ダイヤの変遷

ナル駅開業を経て、平成24(2012)年10月京急蒲田駅付近の高架化プロジェクトの完成を機に、新たな基本パターンを確立した。

平成26(2014)年3月現在の列車ダイヤは、京急・都営浅草線・京成・北総からなる浅草線ネットワークの各者で一斉に行った平成25(2013)年10月改正によって運行されているが、ベースは京急蒲田駅付近の高架化プロジェクトに伴った平成24(2012)年10月改正ダイヤが基本となっている。

●平成10年以降のダイヤ改正一覧

改正実施日	適用	号数	主な改正理由及び関連	改正内容
平10(1998).11.18	平日	223	羽田空港駅(二代目)開業	羽田空港一成田空港直通「エアポート快速特急」、「エアポート特急」運転開始。
平10(1998).11.21	土休日	224		快速特急京急蒲田停車、空港線内60km/hから90km/hにスピードアップ
平11(1999).1.15	土休日	224-2	空港線の列車種別変更	都営浅草線直通の京急川崎行きを羽田空港線に変更
平11(1999).1.18	平日	223-2		
平11(1999).7.31	土休日	225	運行パターン大幅変更、列車種別の整理	「快特」と「普通」の2種別を基本として早朝深夜とラッシュ時特急を運転
平11(1999).8.2	平日	226		「エアポート特急」は「エアポート快特」に統合。快特堀ノ内、新大津、北久里浜に停車
平12(2000).7.22	土休日	227	A・SH快特土休日日中12輌編成運転開始	空港線内90km/hから100km/hにスピードアップ
平12(2000).7.24	平日	228	北総公団線印旛日本医大開業	
平13(2001).9.15	土休日	229	日中SH快特120km/h運転開始	夜間羽田空港発横浜方面通し「快特」、「特急」各1本運転開始
平13(2001).9.17	平日	230		京急押上線八広駅待避設備使用開始による京成線ダイヤ改正対応
平14(2002).10.12	土休日	231	空港線の横浜方面直通列車終日運転	空港線直通列車を本線「快特」に併結運転開始、「A快特」泉岳寺延長運転
平14(2002).10.15	平日	232		(同年5月26日京急蒲田1番線から本線下りへの浦賀方面連絡線開通)
平15(2003).7.19	土休日	233	品川一羽田空港間スピードアップ(2分)	空港線直通、空港線パターンを変更、北総特急→急行、京成急行→快特に変更
平15(2003).7.22	平日	234		土休日「SH快特」に羽田空港行きを併結。天空橋一羽田空港線下り線110km/h
平16(2004).10.30	土休日	235	空港第2ターミナルビル供用開始に対応	羽田アクセス強化と京急蒲田工事対応、一部修正
平16(2004).11.01	平日	236		
平17(2005).10.2	土休日	235-2	京急蒲田駅下り1番線仮ホームに移設	線路線形変更による時分調整
平17(2005).10.3	平日	236-2		
平18(2006).12.10	土休日	237	全線曲線部の速度制限見直し	「エアポート快特」を京成佐倉行きに変更、平日朝「C特急」、一部羽田空港に延長
平18(2006).12.11	平日	238	京成線佐倉以遠列車削減に対応	下り「快特」の併合パターンの変更
平19(2007).12.2	土休日	237-2	環状8号線付近高架化(平成20年5月実施)対応運転時分を変更	一部の修正、線路線形変更による運転曲線の変更および速達性の向上と遅延対策
平19(2007).12.3	平日	238-2		
平21(2009).2.14	土休日	239	C-ATS 使用開始	羽田空港発着の早朝、深夜便対応
平21(2009).2.16	平日	240	空港アクセスの向上	
平22(2010).5.16	土休日	241	京急蒲田付近の本線上り、空港線高架化	新逗子「エアポート急行」、羽田空港一品川間無停車「エアポート快特」運転開始
平22(2010).5.17	平日	242		快特金沢八景停車、平日朝の運行順序変更「B快特」「H特急」「C特急」→「B快特」「H特急」
平22(2010).7.17	土休日	241-2	成田高速鉄道線(成田スカイアクセス線)開業	「アクセス特急」羽田空港一成田空港間新設に対応して行き先変更
平22(2010).7.20	平日	242-2		
平22(2010).10.21	土休日	242-2	羽田空港国際線ターミナル駅開業	国際線ターミナル駅開業による運転、停車時分の変更
平22(2010).10.23	平日	241-3		
平23(2011).5.9	土休日	242-4	震災後の電力事情による節電ダイヤ	日中普通列車削減5~10分間隔、
平23(2011).5.14	平日	241-2		7月1日より日中大里浜久里浜以南20分間隔、「エアポート急行」一部4輌編成運転
平23(2011).9.23	土休日	244	夏期節電ダイヤの終了による一部変更	日中の普通、新逗子「エアポート急行」の時分短縮
平23(2011).9.24	平日	243		
平24(2012).10.21	土休日	300	京急蒲田付近の本線上り、空港線高架化	新逗子「エアポート急行」増発(20→10分間隔)、都心直通「エアポート急行」を「快特」に変更
平24(2012).10.22	平日	301		
平25(2013).10.26	土休日	302	定時性の確保と利便性の向上のため一部変更	平日ラッシュ時の普通列車待避改善のため一部運転パターン変更
平25(2013).10.28	平日	303		土休日朝、夜間の運転間隔見直し

▲運転席真後ろの席から見た「SH快特」の前部に「普通」を併合する様子
金沢文庫　平24.10.20

▶「快特」の後部に羽田空港行きを併合する運転は、京急蒲田付近の高架化が完成するまで行われた
金沢文庫　平21.6.15

ダイヤ改正ポスター&パンフレットで見る歩み

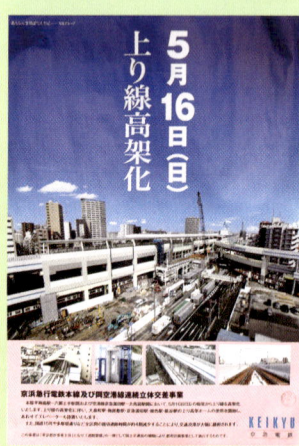

▲平成22年5月16日から京急蒲田駅の上り本線高架化を伝える告知ポスター

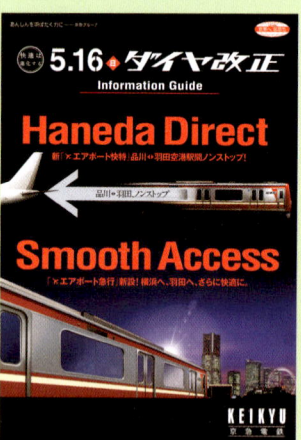

▲平成22年5月16日からのダイヤ改正を告知するパンフレット

▲平成22年7月、成田スカイアクセス線が開業し、羽田から成田へ直結することを告知するポスター

最近の列車ダイヤの変遷

▲平成22年10月21日の開業日の早朝、羽田空港国際線ターミナル駅で行われたセレモニー　　　　　提供：京急電鉄

◀2100形に施された羽田空港国際線ターミナル駅開業記念のラッピング　　　　　　　上大岡　平23.8.1

▲平成22年10月、空港線に国際ターミナル駅(当時の仮称、現・羽田空港国際線ターミナル駅)が開業することを告知するパンフレット

▲平成24年10月21日のダイヤ改正を告知するパンフレット

▲平成24年10月21日のダイヤ改正ポスター。品川から羽田空港へのアクセスのよさをPRする

運転探見 3

① 京急の一日

朝

列車の始動

京急の列車運行は、午前5時前後に本線や支線の始終点駅や主要駅、または車輛基地の隣接駅から動き始める。

京急線内でもっとも早起きの列車は、この十数年間、久里浜線三浦海岸駅4時50分発羽田空港国内線ターミナル駅行きの2100形の8輛編成による「A快特」が、不動の位置にある。

その他の列車はすべて「普通」として動き始める。意外なのは、ドル箱の空港線が一番朝寝坊で、京急蒲田駅5時19分発羽田空港国内線ターミナル駅行きの「普通」が一番列車である。中には終車近くに他者線に出向き、そのまま外泊入庫した列車もあって、早朝、京成高砂や西馬込からの朝帰り列車がある。

改正ダイヤでは浅草橋での外泊駅入庫もあったが、現在は都営車に代わり、西馬込

追跡！一日の運転

現行の列車は、平成25（2013）年10月改正の列車ダイヤによって運行されている。このダイヤは、前年の平成24（2012）年10月、京急蒲田駅付近の連続立体化工事により、下り（南行）線の高架切り替えが行われ、本線および空港線の上下線が高架化されたことで改正された列車ダイヤを基本としている。また、実際の運行状況などから、ラッシュ時の定時運行の確保と、さらに利用しやすいよう一部変更も行われている。

▶ 4時50分三浦海岸発の羽田空港国内線ターミナル行き「快特」
金沢文庫　平24．8．20

◀ 早朝から都営浅草線直通特急がライトを光らせて走り出す　逸見
平24．7．17

◀ 早朝の三崎口への送り込み特急が朝もやの中を走り抜ける
三浦海岸―三崎口　平25．7．12

▲ 泉岳寺始発の2100形による浦賀行き「特急」（右）。左手の引き上げ線上にも600形の「特急」が待機する
品川駅引き上げ線　平25．10．18

や高砂への入庫だけとなった。一方、他者の車輌も京急線内外泊となる運用があり、平日と土休日では時間は異なるものの、いずれも都営車による印旛日本医大から金沢文庫行きの終車で、金沢検車区入庫となり、翌朝ご帰還となる。

また、終電近くに羽田空港国内線ターミナルから品川に戻ってきて、品川駅の引き上げ線入庫もあり、こちらは早朝都営浅草

▼金沢文庫最終の「特急」で金沢文庫に1泊した都営車は早朝から走るが、都営浅草線には戻らず羽田空港国内線ターミナルへ向かう　　　上大岡－弘明寺　平25.12.3

▲京急久里浜からの「特急」が折り返して羽田空港線に向かうべく停車中(左)。品川方面には京急蒲田始発の「特急」が接続する(右)　　　　　　　　京急蒲田　平25.10.18

▼上り「特急」の12輌編成は6時台半ばから始まる。「B快特」の運転開始までは後部に4輌が増結される
　　　　　　　　　　　　　上大岡－弘明寺　平25.12.3

◆ 追跡！一日の運転

線北行一番列車で京成高砂に向かう。なお、京急線内で夜を明かす京成や北総の車輌は今のところはない。

　平日の場合、初電から2時間後には朝のラッシュ時間帯が訪れるため、ラッシュ方向と逆の始発駅への送り込み列車もあり、続々と列車を送り出して「普通」と「特急」のそれぞれ10分間隔運転に近づけてゆく。

平日朝のラッシュ

　通勤輸送と共に、空港線は早朝便利用者のための空港アクセス列車が、「快特」や「エアポート快特」として京成・都営浅草線方面からやって来る。京急も、横浜始発の羽田空港国内線ターミナル行きの「エアポート急行」や、成田空港に向けて神奈川新町から早朝の「アクセス特急」（京急線内「特急」）が運転されている。

　いずれも日中とは異なり、各者とも初電からの立ち上がりと、ラッシュの時間帯にかかることもあり、自線の通勤輸送確保が最優先となり、変則的な運行が多いのが特徴である。

　平日上りは、6時半過ぎから上り列車は

▲横浜発羽田空港国内線ターミナル行きの「エアポート急行」が仲木戸駅に進入中。仲木戸駅はJR京浜東北線・横浜線の東神奈川駅に隣接しており、JR線からの乗り換え客も多い　　　　平25.8.28　福井紘一

▲逗子線の送り込み「特急」。折り返し逗子線唯一の浅草線直通（H特急）となる　　神武寺　平25.10.8

▼神奈川新町発成田空港行きの「特急」（京成線内は「アクセス特急」として運行）　京急蒲田　平26.1.1

▲「B快特」が走り始めると「H特急」は金沢文庫で4番線発着となり、前部に4輌増結となる。増結車が基本編成に接近中、手前は次発の「H特急」の増結車　　金沢文庫　平22.5.10

朝の通勤モードに入り、「H特急」10分間隔運転の間に「B快特」が入り、5分間隔交互運転が始まる。「B快特」は本線浦賀と久里浜線内始発が半数ずつあり、金沢文庫までは「B特急」として運転され、行き先も金沢文庫と表記されている。

▲「B快特」の後部に4輌が増結
　　　　　　　　　　金沢文庫　平25.10.21

▲「B快特」は3番線着発で後部に4輌増結し、12輌編成となる
　　　　　　　　　　金沢文庫　平24.5.2

▲「B快特」の後部に増結車が接近、4番線(右)には次発の羽田空港国内線ターミナル行きの「C特急」が到着
　　　　　　　　　　金沢文庫　平25.4.2

◆ 追跡！一日の運転 ◆

なお「B快特」のうち、横浜駅を7時30分から8時30分までに着発する列車は、始発から品川まで全区間において品川方先頭車輌を女性専用車としている。

「普通」は、京急川崎行きが品川行きの間に入り、ほぼ10分に2本の運転となる。すでに「H特急」は金沢文庫で後部4輌増結が始まっているが、「B快特」の運転開始とと

▲品川方先頭車の側面窓に貼られた女性専用車を示すステッカー　　　　　平25. 3. 1

▲ホームにも女性専用車を示す注意書きがある　　　　　平25.12.21

▲前部4輌増結となった「H特急」が高架区間を走り抜ける
上大岡－弘明寺　平25.12. 3

■平日朝上り列車パターン

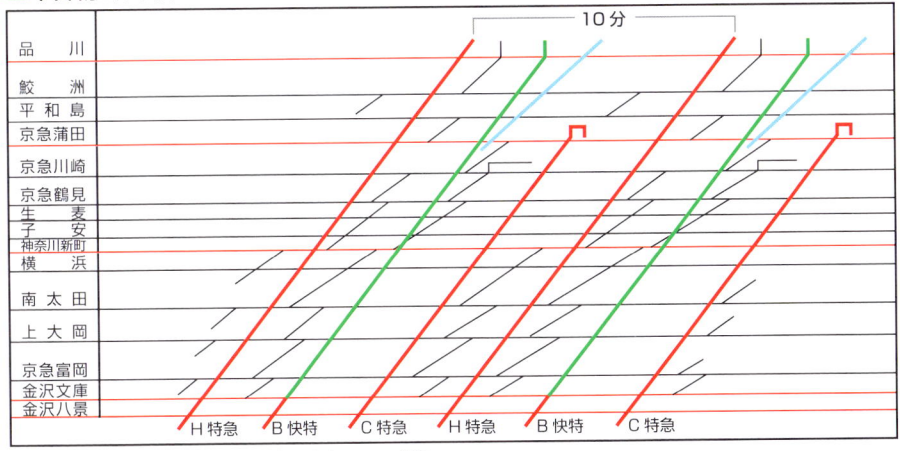

― 快特　― 特急　― エアポート急行　― 普通

39

もに、金沢文庫駅では増結車への整列乗車の混雑を避けるため、「H特急」は前部4輌増結に変更され、4番線着発となる。

金沢文庫での「B快特」は3番線着発で、後部4輌増結の12輌編成に仕立てられる。このため上り「普通」を接続のため長時間ホームに停めておくことをせず、6時30分から8時過ぎまでは、逸見で後続の「特急」の通過待避を行い、金沢文庫では接続待避を行わず、先行させて京急富岡で「快特」または「特急」、一部は「快特」と「特急」の2列車の通過待避を行う。

7時台となると、「B快特」と「H特急」の間に、羽田空港国内線ターミナル行きの「C特急」の運転が加わる。「C特急」は、1本おきに神奈川新町までの前部4輌増結を行う

▲神奈川新町－子安間では「普通」(右)と「B快特」の並走が見られる　　　　　　　　　　　　　　　　　　　　平25.10.21

▲金沢文庫で接続待避を行わず、京急富岡で「快特」「特急」の通過待避を行う「普通」(左)。なかには2列車待避もある　　　　　　　　　　　　　　　　　　　　平25.12.16

▲逸見での通過待避車は朝の上り方面のみで見られる　　　　　　　　　　　　　　　　　　　　平25.12.17

追跡！一日の運転

ので、金沢文庫では4番線着発となる。

　一方、「C特急」の運転が始まると、金沢文庫基準で上り列車は「H特急」の10分サイクル運転の間に「普通」2本と、「B快特」と「C特急」が入り、金沢文庫では「H特急」→「普通」→「B快特」→「C特急」→「普通」→「H特急」のパターンを形成する。

　神奈川新町では、南太田で速達列車を通過待避した「普通」が、後続の速達列車に追いつかれるが、羽田空港行きの「C特急」の前部4輛の切り放しもあるため、接続待避はせず、子安まで逃げ切るように、複本線を本線の後続速達列車と並走するシーンが見られる。

　品川では実質的に、上下本線2本と有効長さ12輛編成分の引き上げ線2線で、品川止まりの列車と直通列車をさばく中間駅構造のため、平日朝のラッシュ時は稠密な列車運行となっている。

　都営浅草線直通の「H特急」が2番線に到着、金沢文庫で増結した前部4輛を切り放して引き上げ線に収容の後、泉岳寺に向かって発車させると、6両編成の「普通」が到着するが、引き上げ線を有効に利用するた

▲品川駅では、平日朝のラッシュ時間帯は「普通」は3番線着発としている　　　　　品川　平22.11.11

▲品川から発車する「特急」浦賀行きは1日2本のみ
　　　　　　　　　　　　　　品川－北品川　平24.8.20

▲上り「H特急」からの切り放した4輛を2本連結して8輛編成の下り「特急」とする　　品川駅引き上げ線　平25.10.18

▲都営浅草線から直通の「H特急」（右）。引き上げ線の4輛（左）を後部に連結、京急川崎まで12輛編成とし、増結車は神奈川新町で切り放しとなる
　　　　　　　　　　　　品川駅引き上げ線　平25.10.18

41

▲朝のみ見られる「B特急」が
停車中（左）の浦賀駅
　　　　　　　　平23. 5.19

▶浦賀駅を発車する「B特急」金
沢文庫行き。金沢文庫からは「B
快特」品川行きとなる
　　　　　　　　平23. 5.19

◆ 追跡！一日の運転 ◆

め、7時台からラッシュ収束の9時台到着の「普通」までは3番線着発としている。その後、「B快特」が2番線に到着し、12両編成のまま引き上げ線に収容する。その直後、空港線からの都営浅草線直通の「エアポート急行」が到着、続いて「H特急」が12輌で到着となる。

このパターンが繰り返されるが、引き上げ線に収容した車輌は、次のパターンによって収容される車輌のために、場所を明け渡さなくてはならない。

「B快特」は、ほぼ1本おきに「A快特」に運番変更するか、回送列車として折り返す。「H特急」の4輌は、8時近くから浅草線方面から戻ってきた「H特急」の後部4輌に増結する方法で、引き上げ線を空ける。しかし、それ以前に切り放された4輌編成については、回送列車として折り返すものと、4輌を2本連結して「特急」として折り返すものがあり、これが時刻表上では忽然と現れる列車である。この列車は終着駅で「A快特」となり、再び品川にやって来る。これが平日午前中4輌＋4輌の「A快特」が必ず走る理由である。

12輌編成の下り「特急」は、神奈川新町駅の下りホームが8輌分しかないので、後部増結4輌は京急川崎まで営業とし、神奈川新町で切り放しとなる。

横浜方面への下り「エアポート急行」は7時台に3本運転されるものの、それ以降は羽田空港国内線ターミナルに向かった「C特急」が折り返してくるまでは、本線を品川方面から下る回送列車が多く、線路容量の点か

らも運転されない。

一方、支線の大師線は、平日7時台から9時まで、3運用10分間隔運転の間に2運用を加えて、5分間隔運転が行われる。

逗子線は「H特急」、「C特急」が数本運転されるが、線内は全列車各駅停車となり、「普通」と合わせて、ほぼ10分間隔運転が行われる。本線堀ノ内－浦賀間も「B快特」、「H特急」、「C特急」の数本が、久里浜線と振り分けて運転されるが、同様のこの区間も全列車各駅停車となり、「普通」と合わせて、ほぼ10分間隔運転が確保されている。

▲1面1線の新逗子駅ホームに停車中の2000形「C特急」。ラッシュ時に羽田空港へ直通する　　平25.10.8

▲逗子線で唯一の都営浅草線直通の青砥行き「H特急」　神武寺　平25.10.8

土休日の朝

　土休日では、平日のような顕著な通勤モードはなく、6時半過ぎから一挙に日中運転パターンに近いものとなる。

　逗子線からの空港線直通の「エアポート急行」が運転され、品川方面都営浅草線直通方面は直通の「H特急」と品川止まりの「B快特」の代わりに、全線特急運転の「C特急」とによる、交互10分間隔として運転される。

　土曜日については、金沢文庫で「H特急」は4番線着発で品川までの4輌前部増結、「C特急」は3番線着発で神奈川新町までの4輌後部増結が行われる。

　「H特急」として都営地下鉄浅草線方面に向かった列車は、折り返し「SH快特」として戻ってくるため、7時半以降の下り列車は、「SH快特」と「C特急」の交互10分間隔運転となる。

　9時前後から「C特急」が折り返し「A快特」となり、日中の「A快特」と「SH快特」のパターンが形成される。

　この時間帯の上り「エアポート急行」は金沢八景から京急蒲田まで途中待避なし、下りはほとんどが神奈川新町で「特急」の接続、または「H快特」の通過待避となっている。

▲土曜日は「H特急」は前部に4輌増結される

金沢文庫　平25.12.7

■土休日朝上り列車パターン

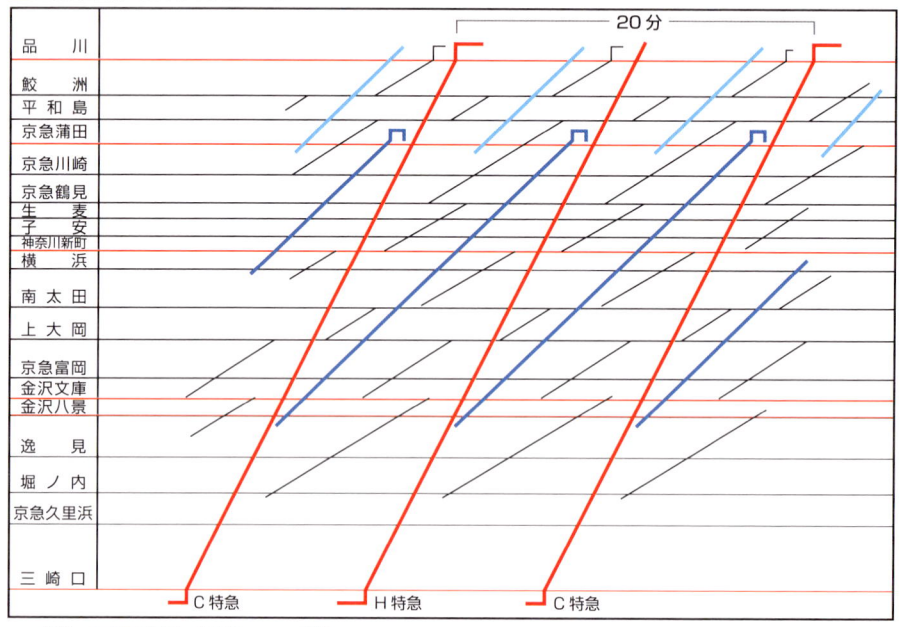

◆ 追跡！一日の運転 ◆

朝ラッシュの収束

　三崎口発8時30分以降の上り速達列車は、「SH快特」と「A快特」に変わり、下り列車の品川発9時30分以降は「SH快特」と「A快特」となる。三崎口方面では、10分間隔で下ってきた「H特急」を一本おきに「A快特」に変更するため、車輌交換が京急久里浜で行われ、徐々に日中パターンへの移行が始まる。

　この時間帯の下り方向では、ラッシュ時の列車を収容するための回送列車が多く、「普通」の待避時間も長くなっている。

　一方、空港線ではラッシュ時間帯に上ってきた「C特急」の大部分は、「エアポート急行（D）」となって折り返し、同様に他者線からの直通「エアポート急行（K・N）」は「快特」となって折り返し、日中の運行パターンが形成され始める。

▲「B快特」の折り返しの下り「A快特」は金沢文庫で前部4輌を切り放しする　　　　　　　　　　　平25.10.23

▲品川で後部に連結した4輌（手前）は京急川崎まで営業、連結したまま神奈川新町まで回送し、ここで切り放して入庫となる　　　　　　　　　　　神奈川新町　平25.10.21

▼三崎口で折り返す列車は、「H特急」から「SH快特」へ変更する。下り列車はまだ「特急」だが、上りはすでに「快特」へと変わり、日中パターンへの変化が始まる　　　　　京急長浜　平25.10.30

45

日中

◉日中列車運行の基本パターン◉

　ラッシュ時の総力戦に出庫した車輌を、日中輸送の適正本数まで減らす回送列車や入庫が10時頃から11時にかけて終了すると、夕方までの基本運行パターンとなる。
　京急蒲田駅付近の高架化工事中は、空港線への横浜方面からの直通列車には、本線の列車運転本数などによる制約があった。「快特」に4輌編成の空港線直通車を連結し、金沢文庫・京急川崎での併合・分割など話題と注目度を上げたが、高架化工事の完成により別仕立ての「エアポート急行」を設定した。このことによりこれらの特徴的な運転は廃止となり、金沢八景を新たに「快特」停車駅とすることによって、「快特」と「普通」の接続も解決した。

▲本線「普通」は品川－浦賀間を10分間隔で運転　金沢文庫－金沢八景　平23.6.18

▲日中の2100形「A快特」に車輌振替が進められる（右）
京急久里浜－北久里浜　平24.4.11

▼「A快特」は2100形にほぼ形式統一されて運転される。写真は「KEIKYU BLUE SKY TRAIN」塗装の2157編成
YRP野比－京急長沢　平24.5.25

▲都営浅草線に乗り入れする「SH快特」は、都営浅草線直通規格に対応した形式で運転される
戸部－横浜　平24.5.26

◆ 追跡！一日の運転 ◆

　本線系統は、久里浜線直通の「A快特」と「SH快特」の交互10分間隔運転、逗子線と空港線直通「エアポート急行」が金沢八景から京急蒲田間において、10分間隔で加わる。それに加えて、途中これら速達列車を接続待避して品川－浦賀間を走る「普通」の10分間隔が加わる。

　すなわち「快特」（AまたはSHのいずれか）→「エアポート急行」→「普通」で10分サイクルを形成する。「エアポート急行」は上下列車とも上大岡で「快特」の接続待避を行うが、金沢八景以南の本線「普通」に対して上りは先発、下りは後着というパターンで接続はしていない。

　「A快特」は基本的に2100形8輌編成を使用、平日は10時半以降、土休日は9時半以降を泉岳寺着発として、上下列車とも西馬込－京成佐倉間の「快速」に接続する。

　「SH快特」は都営浅草線直通規格車の3扉ロングシート車の各形式の8輌編成が使用され、上り（北行）では青砥で上野からの京成本線経由「特急」成田空港行きに接続する（ただし「アクセス特急」を押上で接続待避する列車は、「アクセス特急」に乗り換え、青砥で本線経由特急成田空港行きに接続となる）。下り（南行）では本線特急の到着前に発車となり、接続は行われていない。

　泉岳寺－京急蒲田間では他者線からの空港線直通の「快特」が10分間隔で加わる。この「快特」は印旛日本医大行き、京成高砂行き、印旛日本医大行き、成田空港行きの40分1サイクルとなっており、成田空港行き

▲月曜と木曜の週2回、神奈川新町－久里浜工場間で電動貨車による貨物便を見ることができる
堀ノ内－県立大学　平24.6.21

▲20分間隔で運転される品川－京急蒲田間の「普通」。京急川崎折り返しの関係で4輌編成で運転
新馬場　平24.11.1

▲朝ラッシュに京成高砂に向かったあと、午後に京成高砂から「快速」西馬込行きとして出庫、西馬込－京成高砂間を数往復したのち、夕方のラッシュ時に京急線に戻ってくる精算運用の列車
泉岳寺　平24.12.3

47

▲羽田空港国内線ターミナル発のエアポート快特は、他者区間では「アクセス特急」(左)となり、青砥－京成高砂間で京成本線経由の成田空港行き特急(右)と接続・並走も見られる 京成高砂　平25.11.2

は成田スカイアクセス線経由の「エアポート快特」(押上以遠では「アクセス特急」)として運転される。

　したがって、この区間では「快特」が5分間隔、「普通」が10分間隔となり、さらに空港線直通「快特」の40分に1本は「エアポート快特」として京急蒲田を通過するため、品川－京急蒲田間の「普通」および「急行」のみ停車駅の利用者の救済策として、「普通」を20分間隔で運転している。

　この列車は、京急蒲田駅が上下線重層化構造となっており、折り返し運転ができないため、京急川崎まで回送で運転、かつて羽田空港からの「特急」を「快特」の後部に連

■日中下り列車パターン

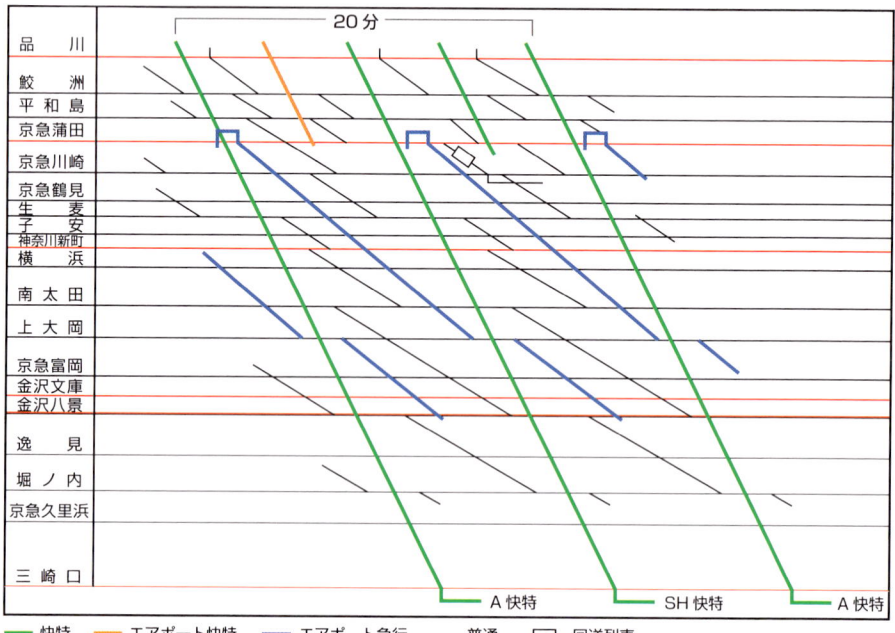

凡例：快特　エアポート快特　エアポート急行　普通　回送列車

◆ 追跡！一日の運転 ◆

▲品川－浦賀間の「普通」は10分間隔で運転
梅屋敷－六郷土手　平25.3.8

▲「エアポート急行」は上大岡で上下とも「快特」の接続待避を行う
平25.3.18

▲朝ラッシュ時間帯では10分間隔で走った「H特急」は三崎口で折り返し、京急久里浜で車輌および種別の変更が行われ、「SH快特」や「A快特」に変更となる。これらは10分間隔で交互運転となる
津久井浜－京急長沢　平25.9.3

◀泉岳寺始発の「A快特」が品川駅に向かって進入する
平25.10.7

▲日中泉岳寺折り返しとなる「A快特」は、西馬込発京成佐倉行きもしくは「快速」に接続
泉岳寺　平25.11.12

49

京急蒲田駅での列車運転パターン

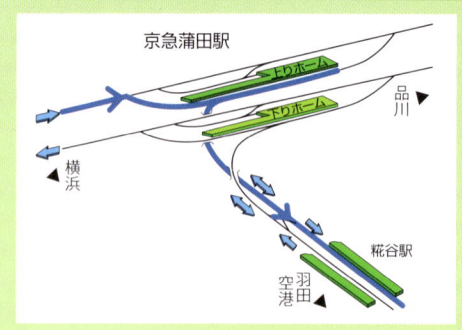

新逗子発羽田空港行き
「エアポート急行」

羽田空港発都心方面行き
「快特」

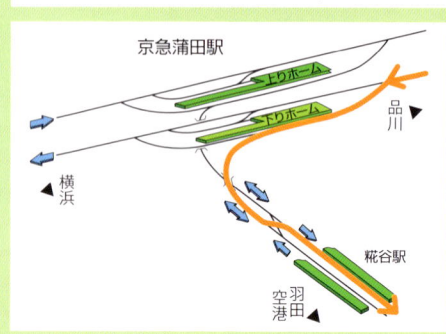

都心方面発羽田空港行き「快特」
（40分に1本は「エアポート快特」）

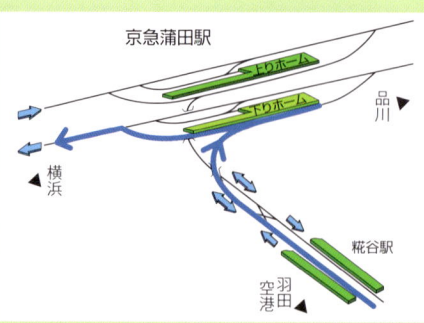

羽田空港発新逗子行き
「エアポート急行」

※「羽田空港」の正式名称は羽田空港国内線ターミナル

◆ 追跡！一日の運転

▲平日午前中と夕方にのみ１番線、２番線交互発着となる　浦賀　平25.11.25

▲平日午後２時すぎから「Ａ特快」は京急久里浜行きとなり、夕方のラッシュの準備が始まる　金沢文庫　平25.2.12

結するために渡り線が設けられた引き上げ線を利用して時間調整を行い、折り返し、再び回送として、京急蒲田の上りホームに戻ってくる。

支線の列車運行

空港線は浅草線方面からの「快特」と逗子線からの「エアポート急行」がそれぞれ10分間隔で運転されるが、「快特」は40分に１本品川－羽田空港国際線ターミナル間無停車の「エアポート快特」として運転される。

その他の「快特」も京急蒲田－羽田空港国際線ターミナル間は無停車のため、逗子線系統の「エアポート急行」が空港線内各駅停車として運行されている。このため空港線内の「快特」通過駅から品川方面に向かう場合（その逆も）は、京急蒲田でホームを上下移動する乗り換えが必要となった。

大師線では、３運用による10分間隔の線内往復運転が続けられているが、川崎大師－小島新田間の地下化工事が進められており、産業道路－小島新田間に単線区間が生じ、小島新田には２番線が設置され、平日、土休日とも14時から16時発着の列車は２番線を使用している。

なお６日周期で列車検査を受ける必要があるため、大師線の車輌は新町検車区に出向く必要がある。このため京急川崎－神奈川新町間に一日３往復の回送行路があり、地上の大師線ホームから、高架線の本線を結ぶ連絡線を行き来する姿を見かける。

▲ホームドアのある羽田空港国際線ターミナル駅　平26.2.10

逗子線は日中全列車が羽田空港直通の「エアポート急行(D)」となり、平日、土休日とも夜間21時まで10分間隔で運転される。

　本線堀ノ内－浦賀間は、品川からの「普通」の10分間隔運行が夜間まで続く。なお浦賀駅では、平日は9時台から12時までと、17時台は1・2番線交互着発となるが、土休日は1番線のみの着発が続く(深夜には1・2番線の着発がある)。

　14時を回ると、平日は早くも夕方のラッシュに向け、泉岳寺発14時以降の下り「A快特」が京急久里浜止まりとなり、代わりに出庫した三崎口行き「SH快特」が接続する。入庫した「A快特」の2100形は夕方の「京急ウィング号」となる。

　こうして昼間の「A快特」、「SH快特」の交互運転10分間隔から「SH快特」10分間隔運転への準備が始まる。土休日は夕方の時間帯も日中の運転パターンが継続し、終日にわたって「A快特」は2100形によって運転が続けられる。

▲京急蒲田を発車する新逗子行き「エアポート急行」(右)。手前は品川－京急蒲田間の「普通」で、この後京急川崎に向けて回送となる
　　　平25.10.14

▲京急蒲田駅の発車案内表示機　　平25.11.19

▶空港線の終点、羽田空港国内線ターミナル駅。1番線は横浜方面行き、2番線は品川方面行きとしている
　　　平25.11.19

◆ 追跡！一日の運転 ◆

▲大師線小島新田折り返しは通常1番線使用だが、14時〜16時の間は2番線着発となる　　小島新田　平25.12.29

▲逗子線六浦駅に到着する下り新逗子行き「エアポート急行」。上り線は総合車両製作所の車輛搬出入のため1067mm幅のレールを加えた3線区間となっているが、駅ホームと営業列車との間隔を狭めるため、レールを駅前後でホーム寄りに移設したが、JRの広幅車輛などの通過に際し支障が生ずるため、平成23年12月、駅の前後に分岐器を設けて1067mm軌間用のレールを移設した　　平25.8.3

夕方から夜間

「京急ウィング号」の運転が始まるまで

　平日の夕方ラッシュ時間帯は、朝のようなピークとなる混雑時間帯はないが、深夜まで長時間続くのが特徴である。

　「A快特」の泉岳寺折り返しは15時台で終了、以降は品川折り返しとなるが、すでに京急久里浜で「SH快特」に振替が始められているので、16時台で泉岳寺折り返しから品川駅折り返しに変わった2100形の「A快特」は姿を消す。

　16時前後から京急久里浜から下ってきた「A快特」からの振替は、「SH快特」から「H特急」に変わり、折り返し上り「H特急」となり、それに先行するように上り方向で20分間隔の品川行き「C特急」の運転が始まる。

　上り「C特急」は金沢文庫で前部に4輌増結が行われ、12輌編成となる。また金沢、新町両検車区から90番台を名のる「A快特」が品川に回送列車で向かい、17時過ぎから「京急ウィング号」の運転開始まで、下り方向は品川発の「C特急」と「H特急」または「A快特」と「H特急」による3分間隔の続行による、交互10分間隔運転が始まる。この間は都営浅草線から直通の8輌編成「H特急」は増結が行われない。

　羽田空港国内線ターミナルからの逗子線系統の「エアポート急行」は、日中同様10分間隔で運転されるが、下りでは神奈川新町で「快特」の通過待避、上大岡で「特急」の接続待避、金沢文庫で「快特」の接続待避が

▲下り方向の「特急」は都営車による神奈川新町発。三崎口行きから始まる
平24.5.26

▲堀ノ内始発の「C特急」が品川に向かう
県立大学　平22.11.10

▲京急車の「H特急」に混じって都営車による「T特急」も走る
金沢文庫　平24.3.23

行われ、金沢八景では日中同様に浦賀方面の「普通」が先発して、接続はしていない。

上りでは日中同様、上大岡での「快特」または「特急」の接続待避のみである。夕方混雑時間帯は横浜駅での下り列車種別間の混雑均等化を図るため、平成25(2013)年10月の改正で、列車の運行順序を平成24(2012)年改正時の「特急」→「快特」→「普通」→「エアポート急行」から、「特急」→「普通」→「快特」→「エアポート急行」のパターンに変えるため、「エアポート急行」の待避駅の変更などが行われている。

空港線では、都営浅草線方面からの「エアポート快特」の運転は平日が16時台のはじめ、土休日は1時間遅れの18時台のはじめで終了、平日では都営浅草線直通の「快特」は「エアポート急行」に種別が変わり、逗子線系統の「エアポート急行」とともに10分間隔運転となる。

一方、土休日では都営浅草線系統列車は「快特」で運転が続けられ、行き先は北総線直通(印旛日本医大行き)と、京成線内止ま

▲都営浅草線方面からの空港線直通列車は「快特」から「エアポート急行」に変更される　品川　平25.11.14

◀夕方、帰宅を急ぐラッシュの時間帯を迎える
京急川崎－八丁畷
平25.12.25

■ 平日 17～18時下り列車パターン

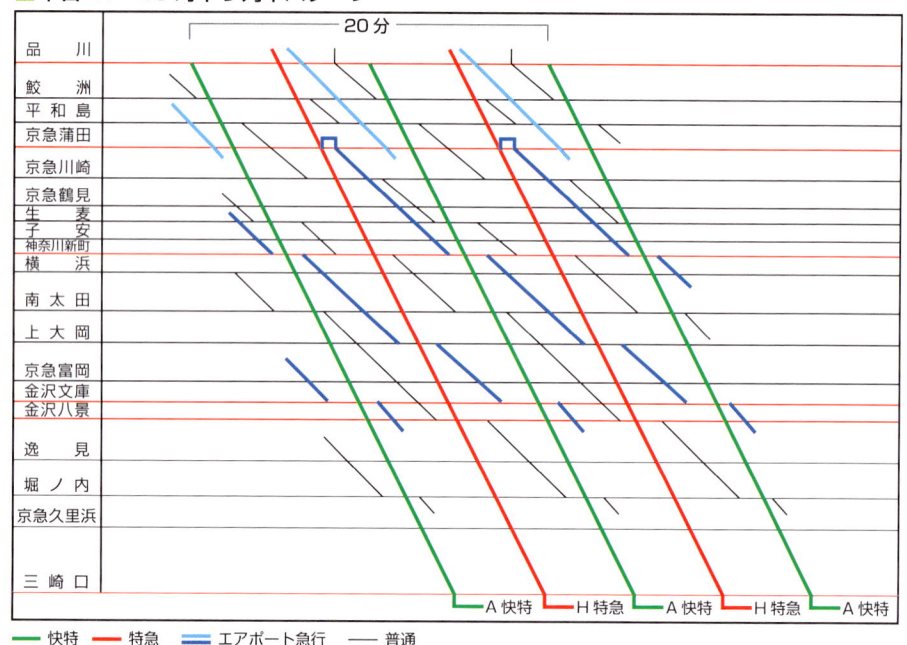

―― 快特　―― 特急　―― エアポート急行　―― 普通

り（京成高砂または青砥行き）との交互運転となる。

なお、京急空港線からの成田空港への「エアポート快特」（押上以遠は「アクセス特急」）は終了したが、引き続き京成上野発の「アクセス特急」が運転されている。

大師線では、平日は17時台から2運用増えて5分間隔運転となるが、土休日は日中と変わらず、3運用の10分間隔運転が続けられる。

「京急ウィング号」の運転開始

平日の18時45分からは、20分間隔で90番台「快特」に代わり、70番台「快特」の座席定員制「京急ウィング号」の運転が始まる。「京急ウィング号」は乗車券のほかに着席整理券（200円）が必要な列車で、品川駅3番線から発車、上大岡まで無停車で運転、上大岡以遠は一般乗車が可能となり、実質通常の「A快特」となるが、全区間「京急ウィング号」として運転される。

車輌は2100形8輌編成が使用され、1号から3号までは京急久里浜行きで、先着している「H特急」三崎口行きに接続、京急久里浜止まりの3本は、折り返し回送で品川に戻り、8号から10号となる。4号から11号は三崎口行きで、11号は三崎口到着後三浦海岸に回送、翌日の1番列車羽田空港国内線ターミナル行き「A快特」となる。

平日では18時以降、都営浅草線直通系

> 追跡！ 一日の運転

統の「エアポート急行」は、浅草線以遠で京成線下り方向の帰宅時間帯の輸送を担い、20分間隔の北総線直通を除き、品川以遠では「快速特急」や「通勤特急」と種別を変えて、京成本線経由の成田方面行き列車として運転される。

「京急ウィング号」の運転開始とともに、上りの「C特急」の折り返し「A快特」に代わり、始発駅から「A快特」として上ってくる品川折り返しの「A快特」の運転となる。

この「A快特」は京急久里浜に16時台に到着する日中の「A快特」からの車輌振替や「H特急」として下ってきた列車を、三崎口で列番・種別変更をして3扉ロングシート車による「A快特」としたもので、すでに三崎口発18時以降の上り列車からは早くも「特急」という種別は姿を消し、「A快特」と「SH快特」の交互10分間隔運転に戻る。

▲3番線発の「京急ウィング号」とその発券機　　品川　平26.1.27

■平日 18:45〜19:30 下り列車パターン

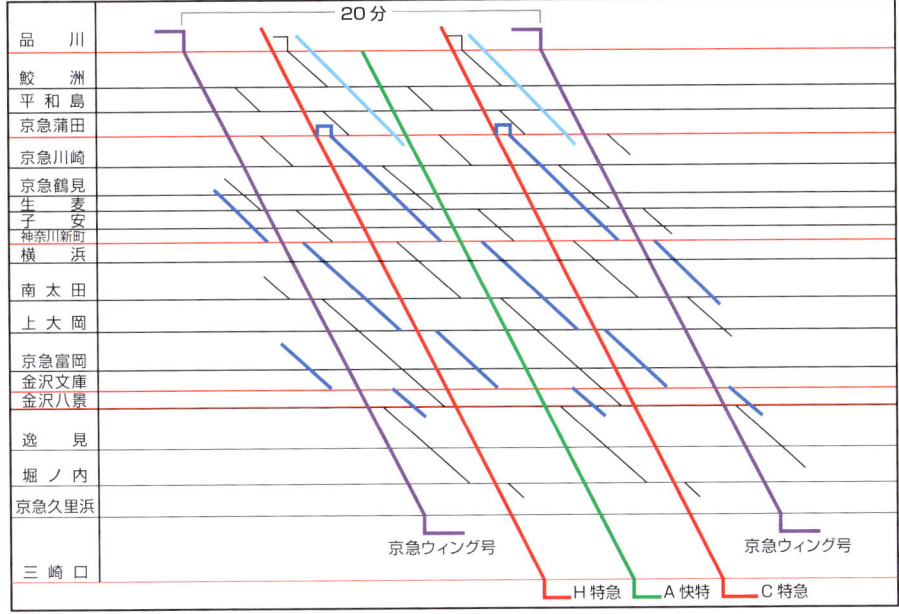

57

上り「A快特」は、金沢文庫で前部に4輌増結が行われ、12輌編成運転となる。「SH快特」も上り2列車について4輌増結が行われるが、後部に連結されて品川で切り放し車の折り返しは「普通」に使用される。

　これにより品川発の下り列車は10分サイクルで「京急ウィング」または「H特急」→「普通」→「エアポート急行」→「A快特」となり、「A快特」が1本おきに「京急ウィング」となるパターンとなるが、19時30分以降の下り「H特急」は「SH快特」として運転され、「京急ウィング3号」以降は、「京急ウィング」または「SH快特」→「普通」→「エアポート急行」→「A快特」→「普通」→「エアポート急行」→「京急ウィング」の20分サイクルパターンとなる。

▲平日の羽田空港国内線ターミナルからの都営浅草線直通列車は品川までは「エアポート急行」として運転されるが、京成本線の帰宅輸送列車となり、さまざまな列車種別変更が行われる
　　　　　羽田空港国内線ターミナル　平25.12.25

▲17時台から19時台にかけて、都営浅草線からの本線系統の速達列車は、「SH快特」から停車駅を増した「H特急」に変わり、帰宅の足を確保する
　平和島　平25.12.25

▲品川駅で後部4輌増結され、12輌編成となって下り方面へ向かう「A快特」　平25.12.28

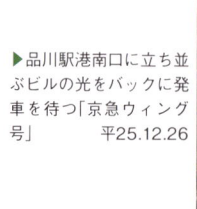

▶品川駅港南口に立ち並ぶビルの光をバックに発車を待つ「京急ウィング号」　平25.12.26

追跡！一日の運転

夜間運行から深夜の収束まで

　20時も半ばを過ぎると、完全に「A快特」と「SH快特」の交互運転となり、「特急」は姿を消す。上りの「A快特」は相変わらず、金沢文庫で4輛増結され、折り返しの下り列車の輸送を支えている。

　逗子線系統「エアポート急行」の下りは、神奈川新町で「京急ウィング号」と「SH快特」または「A快特」の通過待避となるが、

▲左は土休日のみ見られる「普通」泉岳寺行き。この列車は折り返し京急川崎終車となる。右は神奈川新町行きの「特急」　　　　　　　　　　　　堀ノ内　平25.12.21

▲羽田空港国際線ターミナルからの都営浅草線直通「エアポート急行」も1本おきに泉岳寺行きとなり、西馬込からの京成本線経由の列車に接続するようになる
　　　　　　　　　　　　　　　　　　　　品川　平25.12.26

■平日 20時〜下り列車パターン

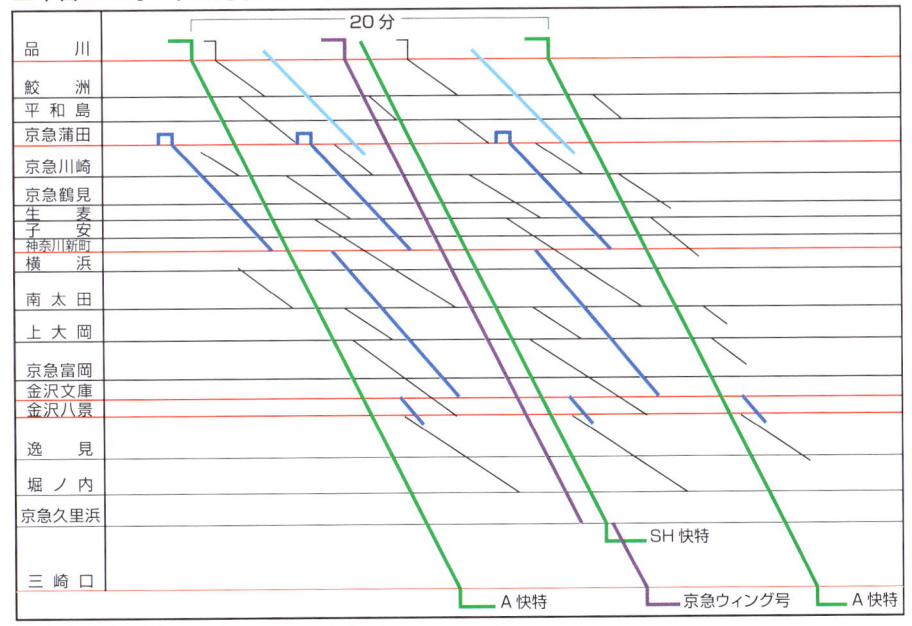

凡例：京急ウィング号／快特／エアポート急行／普通

上りは一部に無待避や京急鶴見で「快特」通過待避などあるが、おおむね神奈川新町にて「快特」の待避となる。

土休日で空港線に変化が現れるのは19時以降で、夕方以降の到着便対応として都営浅草線系統の羽田空港国内線ターミナル行きの下り列車が「エアポート急行」に種別を変えるが、折り返しの上り列車は「快特」として運転される。

平日21時30分以降、上り列車で「快特」から「特急」への種別・運番変更が行われ、再び「特急」が現れ、深夜への移行期に入る。逗子線系統の「エアポート急行」も、新逗子21時到着列車から、折り返しは「普通」に種別変更が始まる。羽田空港国内線ターミナルでも、22時以降は逗子線系統の「エアポート急行」の運転が終了となる。

一方、「京急ウィング11号」が発車した22時過ぎでも、本線下り列車には「特急」は現れないが、三崎口から上ってきた「特急」が22時後半品川に達するところで下り最後の「快特」の発車となる。これ以降上りの「H特急」は泉岳寺行きとなり、西馬込からの都営浅草線・京成線方面列車への接続になる。品川での下りの「特急」は三崎口行きの最終列車から始まる。

土休日は21時台から、下り「SH快特」は三崎口で「H特急」への種別変更が始まり、上り列車から「快特」が消える。一方「A快特」の泉岳寺折り返しは21時台はじめで終了、以降品川折り返しとなるが、21時台いっぱいで「A快特」の運転は終了となる。京成線方面に向かった「SH快特」は折り返し22時前後に品川到着となる列車から、「H特急」に種別変更となる。

空港線も21時以降は都営浅草線からの直通車は都営浅草線と北総車のみとなり、京成車の乗り入れはなくなる。羽田空港国内線ターミナル着発の逗子線系統の「エアポート急行」が21時いっぱいで運転終了となり、一部都営浅草線方面直通の「エアポート急行」として到着した列車と、回送列車で送り込まれた列車の折り返しを、久里浜線方面までの「特急」として運転する。

一方、都営浅草線直通は折り返し「快特」として運転されるのは、1本おきの北総線直通のみとなり、そのほかは「エアポート急行」となり、京成高砂または青砥行きか、西馬込からの京成線方面への接続となる泉岳寺行きとなる。

▲本線系統の下り「快特」は、深夜時間帯が始まる頃まで増結12輌編成で運転される
品川　平25.12.26

追跡！一日の運転

▶平日、土休日とも金沢文庫行の終電は都営車の5300形
金沢文庫　平25.12.30　南雲康夫

◀羽田空港国内線ターミナルからの都営浅草線直通京成本線経由の列車も行き先がいろいろで、芝山鉄道の芝山千代田行きもある
品川　平25.12.26

　なお、休日は「京急ウィング号」の運転がないため、京急久里浜から三浦海岸行きの2100形による「C特急」が運転され、三浦海岸駅入庫として早朝の羽田空港行きとなる。

　大師線は、土休日が21時台から、平日は22時台から2運用となり、運転間隔が伸びる。逗子線の土休日は22時後半、平日は23時以降「エアポート急行」の終了と共に金沢八景－新逗子間の折り返し運転となる。

　23時以降は一日の運転終了へ向かう時間帯となり、多くの列車が車輛基地への入庫となるが、翌日の始発列車の準備のため、始発駅となる駅や引き上げ線入庫となる列車もある。

　終車は平日より土休日のほうが早く、本線下りは22時代後半から品川発三崎口、三浦海岸、京急久里浜行きの最終「特急」が続くが、各列車とも途中通過駅へのため接続して「普通」が運転されている。

　「特急」の最終は、24時ちょうど発の印西牧の原からの金沢文庫行きで、京急川崎、神奈川新町、上大岡の各駅で「普通」に接続しており、品川駅の最終列車は24時06分発の「普通」京急川崎行きとなっている。

　大師線の終車は一番早く、24時前に運転は終了。逗子線は金沢八景で「特急」の久里浜終車に接続、本線浦賀方面も上大岡で「特急」久里浜終車に接続した「普通」が、最終列車となる。

　上りは、金沢文庫、神奈川新町、京急川崎に24時10分前後に到着する「普通」で、同じく品川では「普通」のあとに羽田空港国内線ターミナル24時ちょうど発の空港線最終列車の「快特」が終車となる。24時41分金沢文庫に「普通」が到着して、一日の営業列車の運転は終了する。

　平日は、下り方向は土休日より「特急」の京急三浦海岸終車以降、10分ないし20分程度遅く運転されており、逗子線と本線浦賀方面も最終「特急」で接続が行われている。

　空港線は品川方面が23時59分発の品川行き「エアポート急行」が最終で、そのあと横浜方面は神奈川新町行きの「特急」があり、最終は金沢文庫行きの最終「特急」に接続する京急蒲田止まりの「普通」となる。

　品川の最終列車は24時23分発の印西牧の原発の「特急」金沢文庫行きで、この列車は途中接続する「普通」はなく、すれ違う上り列車もすでにない孤独な列車で、25時ちょうどに金沢文庫駅に到着、先発の京急久里浜行きも京急久里浜に到着（実際には25時00分45秒着）して、営業列車の運転は終了する。

61

❷ 年末年始

大師電気鉄道を起源とする京急と川崎大師は、切っても切れない縁があり、年末の納めの大師(12月21日)から大晦日、新年の初詣と初大師(1月21日)など毎年賑わいをみせ、節分の豆まきの頃まで、大師線の列車は増発運転が行われる。

昭和の時代には、春秋のハイキングや夏の海水浴なども盛んで、それぞれの季節に独自のダイヤを組んで大勢の旅客を運んだが、余暇の多様化や車社会化などにより、平成6(1994)年から、年間を通して同一の列車運行を行う通年ダイヤとなり、大晦日の終夜運転と大師線の年始ダイヤのみが、通常ダイヤと異なる運行が行われるものとして残った。

年末は曜日にもよるが、官公庁や企業の御用納め以降は土曜日も休日ダイヤとして運転、大晦日の31日は、休日運転として23時頃から終夜運転ダイヤに変更となる。終夜運転は大師線と本線の一部区間で実施され、その他の区間や支線では、終車の延長運転が行われる。

本線は泉岳寺で、都営浅草線の終夜運転列車に接続が行われる。翌元日早朝は三浦海岸での初日の出を遥拝する品川発三崎口行き特急「初日号」が運転されるが、恒例だった三浦海岸での「おんべやき」が取りやめになって近年は1本きりの運転となり、ヘッドマークも無い寂しい列車となってしまった。

年始の大師線は臨時ダイヤが組まれ、6分間隔の増発運転が行われる。臨時ダイヤは増発時間帯により3パターンが用意され、三が日から1月中の土休日および祝日と節分の2月3日まで行われる。終夜運転と増発時間帯には、その年の干支を描いた方向板が掲げられるのも恒例となっている。

▲除夜の鐘が鳴ると干支の方向板を掲げて年越しの終夜ダイヤが始まる 京急川崎駅大師線ホーム 平26.1.1

▼品川駅3番線から発車する「初日号」。三浦海岸で初日の出を遥拝に向かう人々ために仕立てられる列車。近年は愛称板も掲示されず、少し寂しい 品川 平26.1.1

追跡！一日の運転

③ 臨時列車

　羽田空港へのアクセスを担う重要路線となり、列車運転本数の増加した現在、日中に品川発の臨時列車を運転するのは困難となっている。

　正月2日、3日に催される「東京箱根間往復大学対抗駅伝競走」（箱根駅伝）では、京急蒲田空港線第一踏切道を選手が通過する予測時間帯に、列車の運行を変更や調整して対処してきたが、これも平成24（2012）年10月の高架線への切り替えで過去のものとなった。

　一方、例年と変わらず運転されている臨時列車もある。3月の第一日曜日に開催される「三浦市民国際マラソン」では、スタート時間に合わせて、早朝に数本の下り臨時特急が運転される。

　また、久里浜など、夏の各地で行われる花火大会では、終了時間帯に合わせ臨時列車運転、臨時停車などが設定される。また「京急ウィング号」の上り回送列車が、六郷土手始発の品川行き臨時特急として運転されることもある。

▲多摩川河川敷で催される「大田区平和都市宣言記念事業 花火の祭典」に合わせて会場最寄りの六郷土手駅に停車中の臨時列車　　　　　平18. 8.15

▲「三浦市民国際マラソン」に参加するランナーが大勢下車した臨時列車　　三浦海岸　平24. 3. 4

車輌探見

▲平日朝の金沢文庫には多彩な形式の車輌が集う　　　　　　　　　　　　　　　　　　　平25. 4. 5

形態別の割合

- 2100形 80輌（10.1%）
  - M 40輌　T 40輌
- 600形 88輌（11.1%）
  - M 58輌　T 30輌
- 1000形 296輌（37.5%）
  - M 216輌　T 80輌
- 1500形 158輌（20.0%）
  - M 120輌　T 38輌
- 2000形 60輌（7.6%）
  - M 45輌　T 15輌
- 800形 108輌（13.7%）
  - M 108輌

- 4扉車 108輌（13.7%）
- 2扉車 80輌（10.2%）
- クロスシート車 80輌（10.1%）
- ロングシート車 710輌（89.9%）
- 3扉車 602輌（76.2%）

旅客車輌 790輌

電動車・付随車の割合

- 先頭車 256輌（32.4%）
- 中間車 534輌（67.6%）
- 付随車 203輌（25.7%）
- 電動車 587輌（74.3%）

旅客車輌 790輌

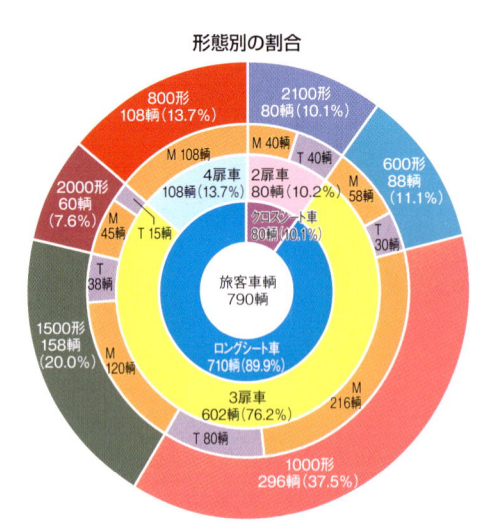

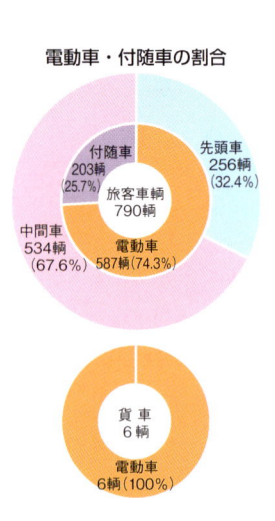

- 貨車 6輌
- 電動車 6輌（100%）

平成26（2014）年1月16日現在

64

車輌総説

800輌近くの大所帯の車輌数を保ちながら新製車と廃車が繰り返され世代交代が徐々に進み3／4がインバータ制御車に

都営浅草線直通運転に見合った規格の車輌設計

　京急の保有車輌は、平成26（2014）年3月末で旅客車輌790輌、事業用の貨車が6輌の総数796輌となっている。旅客車輌は2扉クロスシート車（2100形）、3扉ロングシート車（2000形、1500形、600形、1000形）、4扉ロングシート車（800形）まで6系列の車輌で構成されている。近年は廃車と新造がほぼ同数で推移し、車輌総数が一定数を保ちながら、世代交代が図られている。

　京急では都営地下鉄1号線（浅草線）相互直通運転のネットワークに加わり、列車運行の基幹を直通運転に置き、1号線直通車輌規格に基づく車輌設計が行われている。

車体材質と制御方式の割合

普通鋼製車輌 188輌（23.8%）
800形 108輌
ステンレス鋼製車体 176輌（22.3%）
1000形 176輌
界磁チョッパ制御 202輌（25.6%）
2000形 60輌
インバータ制御 558輌（74.4%）
1500形 158輌
1000形 120輌
2100形 80輌
600形 88輌
アルミ合金製車輌 426輌（53.9%）

平成26（2014）年1月16日現在

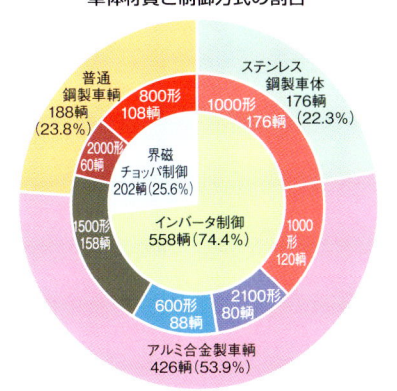

　これにより車輌の長さ、幅、高さ、ATSなど保安設備、加減速やブレーキ性能など基本的なことから、運転機器の操作方法や配置、側引戸（がわひきど）の位置など、こと細かな取り決めがあり、乗入車でも自社の車輌と同様な扱いができるように図られている。

　このため直通規格車の1500形、600形、1000形は先頭車、中間車とも最大長18m、幅2.8m、台車中心間距離が12mとなっている。自社線内運行の2100形、2000形、800形の先頭車輌が長いが、車輌定規により幅は2.8mに収められており、また直通規格車のオーバーハング（車端から台車中心までの距離）の2.75mを基準にして、車体の短い800形中間車を含め、台車中心間距離で調整している。

　新性能電車の第一世代である抵抗直並列弱め界磁制御と、発電ブレーキ併用の電磁直通ブレーキ（HSC-D）を備えた旅客車輌の二代目700形が平成17（2005）年度、初代1000形が平成22（2010）年度をもって営業運転を終了し、電動貨車も1500形のVVVFインバータ制御（以下、インバータ制御）への改造により発生した分巻界磁チョッパ制御（以下、界磁チョッパ）機器による更新が行われ、平成22年度末には全車輌が、界磁チョッパ、またはインバータ制御車輌となった。いずれも回生ブレーキ併用の全電気

車両編成表 （平成26年1月16日現在）

●2100形

Muc	T	Tp	Mu	Ms	T	Tp	Msc	
2101	2102	2103	2104	2105	2106	2107	2108	金
2109	2110	2111	2112	2113	2114	2115	2116	金
2117	2118	2119	2120	2121	2122	2123	2124	金
2125	2126	2127	2128	2129	2130	2131	2132	車
2133	2134	2135	2136	2137	2138	2139	2140	車
2141	2142	2143	2144	2145	2146	2147	2148	車
2149	2150	2151	2152	2153	2154	2155	2156	車
2157	2158	2159	2160	2161	2162	2163	2164	車
2165	2166	2167	2168	2169	2170	2171	2172	車
2173	2174	2175	2176	2177	2178	2179	2180	車

●1000形アルミ8輌固定編成

Muc	Tpu	Tu	Mu	Ms	Ts	Tps	Msc	
1001	1002	1003	1004	1005	1006	1007	1008	
1009	1010	1011	1012	1013	1014	1015	1016	新
1017	1018	1019	1020	1021	1022	1023	1024	新
1025	1026	1027	1028	1029	1030	1031	1032	新
1033	1034	1035	1036	1037	1038	1039	1040	新

●1000形アルミ8輌固定編成

Muc	Tpu	M2u	M1u	M1s	M2s	Tps	Msc	
1041	1042	1043	1044	1045	1046	1047	1048	新
1049	1050	1051	1052	1053	1054	1055	1056	車
1057	1058	1059	1060	1061	1062	1063	1064	車
1065	1066	1067	1068	1069	1070	1071	1072	車

●1000形ステンレス8輌固定編成

M2uc	M1u	Tu	M1u'	M2s	Ts	M1s	M2sc	
1073	1074	1075	1076	1077	1078	1079	1080	車
1081	1082	1083	1084	1085	1086	1087	1088	車
1089	1090	1091	1092	1093	1094	1095	1096	車
1097	1098	1099	1100	1101	1102	1103	1104	車
1105	1106	1107	1108	1109	1110	1111	1112	車
1113	1114	1115	1116	1117	1118	1119	1120	車
1121	1122	1123	1124	1125	1126	1127	1128	車
1129	1130	1131	1132	1133	1134	1135	1136	車
1137	1138	1139	1140	1141	1142	1143	1144	車
1145	1146	1147	1148	1149	1150	1151	1152	車
1153	1154	1155	1156	1157	1158	1159	1160	車
1161	1162	1163	1164	1165	1166	1167	1168	車

●1000形ステンレス6輌固定編成

M2uc1	M1u1	Tu	Ts	M1s1	M2sc1	
1301	1302	1303	1304	1305	1306	新
1307	1308	1309	1310	1311	1312	
1313	1314	1315	1316	1317	1318	新
1319	1320	1321	1322	1323	1324	金
1325	1326	1327	1328	1329	1330	金
1331	1332	1333	1334	1335	1336	金

●1000形 アルミ4輌固定編成

Muc1	Tpu1	Tps1	Msc1	
1401	1402	1403	1404	新
1405	1406	1407	1408	金

●1000形 アルミ4輌固定編成

Muc1	T	Tp	Msc1	
1409	1410	1411	1412	新
1413	1414	1415	1416	金

●1000形 アルミ4輌固定編成

M1uc1	M2	Tp	Msc1	
1417	1418	1419	1420	新
1421	1422	1423	1424	金
1425	1426	1427	1428	新
1429	1430	1431	1432	新
1433	1434	1435	1436	金
1437	1438	1439	1440	金
1441	1442	1443	1444	金
1445	1446	1447	1448	金

●1000形ステンレス4輌固定編成

M2uc1	M1u1	M1s1	M2sc1	
1449	1450	1451	1452	金
1453	1454	1455	1456	金
1457	1458	1459	1460	金
1461	1462	1463	1464	金
1465	1466	1467	1468	金
1469	1470	1471	1472	新
1473	1474	1475	1476	新
1477	1478	1479	1480	新
1481	1482	1483	1484	新
1485	1486	1487	1488	新
1489	1490	1491	1492	新

●2000形4輌固定編成

M1c	M2	T	M3c	
2441	2442	2443	2444	金
2451	2452	2453	2454	金
2461	2462	2463	2464	金

●デト11・12形電動貨車

M2c	M1c	
11	12	新

●デト17・18形電動貨車

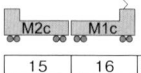

M2c	M1c	
15	16	車
17	18	新

◆車輛総説◆

●600形1～3次車　8輛固定編成

M1c	M2	Tu	Ts	M1	M2	M1	M2c	
601-1	601-2	601-3	601-4	601-5	601-6	601-7	601-8	車
602-1	602-2	602-3	602-4	602-5	602-6	602-7	602-8	車
603-1	603-2	603-3	603-4	603-5	603-6	603-7	603-8	車
604-1	604-2	604-3	604-4	604-5	604-6	604-7	604-8	車
605-1	605-2	605-3	605-4	605-5	605-6	605-7	605-8	車
606-1	606-2	606-3	606-4	606-5	606-6	606-7	606-8	車
607-1	607-2	607-3	607-4	607-5	607-6	607-7	607-8	車

●600形4次車8輛固定編成

Muc	T	Tp1	Mu	Ms	T	Tp1	Msc	
608-1	608-2	608-3	608-4	608-5	608-6	608-7	608-8	車

●1500形インバータ車8輛固定編成

M1c	M2	Tu	Ts	M1	M2	M1	M2c	
1707	1708	1921	1922	1709	1710	1711	1712	車
1713	1714	1923	1924	1715	1716	1717	1718	車
1719	1720	1907	1908	1721	1722	1723	1724	車
1725	1726	1909	1910	1727	1728	1729	1730	車
1731	1732	1913	1914	1733	1734	1735	1736	車

●1500形チョッパ6輛固定編成

M1c	M2	M1	M2	M1	M2c	
1541	1542	1647	1646	1543	1544	新

●1500形インバータ車改造6輛固定編成

M1c	M2	Tu	Ts	M1	M2c	
1529	1530	1931	1932	1531	1532	新
1533	1534	1933	1934	1535	1536	新
1537	1538	1935	1936	1539	1540	新
1545	1546	1939	1940	1547	1548	新
1549	1550	1941	1942	1551	1552	新
1561	1562	1925	1926	1563	1564	金
1585	1586	1929	1930	1587	1588	金
1607	1608	1927	1928	1609	1612	金
1613	1614	1901	1902	1615	1618	金
1619	1620	1903	1904	1621	1624	金
1625	1626	1905	1906	1627	1630	金
1631	1632	1911	1912	1933	1936	金
1643	1644	1915	1916	1645	1648	新
1649	1650	1917	1918	1651	1654	新

●2000形8輛固定編成

M1c	M2	M3	Tu	Ts	M1	M2	M3c	
2011	2012	2013	2014	2015	2016	2017	2018	金
2021	2022	2023	2024	2025	2026	2027	2028	金
2031	2032	2033	2034	2035	2036	2037	2038	金
2041	2042	2043	2044	2045	2046	2047	2048	金
2051	2052	2053	2054	2055	2056	2057	2058	金
2061	2062	2063	2064	2065	2066	2067	2068	金

●600形4次車4輛固定編成

Muc	T	Tp	Msc	
651-1	651-2	651-3	651-4	金
652-1	652-2	652-3	652-4	金
653-1	653-2	653-3	653-4	金
654-1	654-2	654-3	654-4	金
655-1	655-2	655-3	655-4	金
656-1	656-2	656-3	656-4	金

●1500形チョッパ4輛固定編成

M1c	M2	M1	M2c	
1501	1502	1503	1504	新
1505	1506	1507	1508	新
1509	1510	1511	1512	新
1513	1514	1515	1516	新
1517	1518	1519	1520	新
1521	1522	1523	1524	新
1525	1526	1527	1528	新

●800形6輛固定編成

M1c	M2	M3	M3'	M2	M3c	
807-1	807-2	807-3	808-1	808-2	808-3	新

●800形6輛固定編成

M1c	M2	M3	M1	M2	M3c	
811-1	811-2	811-3	811-4	811-5	811-6	新
812-1	812-2	812-3	812-4	812-5	812-6	新
813-1	813-2	813-3	813-4	813-5	813-6	新
814-1	814-2	814-3	814-4	814-5	814-6	新
815-1	815-2	815-3	815-4	815-5	815-6	新
816-1	816-2	816-3	816-4	816-5	816-6	新
817-1	817-2	817-3	817-4	817-5	817-6	新
818-1	818-2	818-3	818-4	818-5	818-6	新
819-1	819-2	819-3	819-4	819-5	819-6	金
820-1	820-2	820-3	820-4	820-5	820-6	金
821-1	821-2	821-3	821-4	821-5	821-6	金
822-1	822-2	822-3	822-4	822-5	822-6	金
823-1	823-2	823-3	823-4	823-5	823-6	金
824-1	824-2	824-3	824-4	824-5	824-6	金
825-1	825-2	825-3	825-4	825-5	825-6	金
826-1	826-2	826-3	826-4	826-5	826-6	金
827-1	827-2	827-3	827-4	827-5	827-6	金

■ 所　属
新　新町検車区
金　金沢検車区
車　車両管理区
　　（久里浜）

▶1000形ステンレス車の最新の車輛にも川崎大師のお札が貼られている。川崎大師と深い関わりのある京急ならではの一シーン　平24.3.18

指令式電磁直通ブレーキを備え、京急の緩急結合高速運転運行を支える車輌群である。

界磁チョッパ世代は、4扉ロングシートの普通用800形、2扉クロスシート快速特急用の2000形(のちに3扉ロングシートに改造)、3扉ロングシート都営地下鉄1号線直通規格1500形では、それぞれ主電動機などの特性や歯車比を変え、製造時は他形式と連結して運転することもできなかった。

インバータ制御世代では、車内設備など用途に応じた違いはあるが、車輌性能としては大きな違いのない汎用性のあるものに揃えられている。チョッパ車の1500形を含めて連結運転が可能で、現在は2000形も電気連結器の改造により連結運転が可能となっている。

すでに第二世代の界磁チョッパ車についても、初期車輌である800形は平成23(2011)年度から廃車が始まり、平成24(2012)年度には2000形の廃車も始められている。また1500形アルミ製界磁チョッパ車についてはインバータ制御化工事が進捗中にあって界磁チョッパ車輌の減少は著しい。

車体構成材も普通鋼製は800形、2000形と1500形の2次車までで、その後、1000形の5次車まではアルミ合金製車体となり、平成19(2007)年3月製の6次車からはこれまでのコンセプトの大転換が行われ、民鉄標準車輌で取り入れられた軽量ステンレス製車体に変更している。

現在アルミ合金製車が最大数となっているが、鋼製車輌の減少、ステンレス製車輌の急増が著しく、平成25(2013)年度末には、普通鋼製車とステンレス鋼製車が同数となり、ステンレス製車が第2位に浮上する逆転期を迎えた。

C-ATS装置へ更新によりさらなる安全に向けて

車輌は重要部検査(4年または60万キロ)、全般検査(8年)を受け、使用十数年で、機器や車内設備の更新工事を受けており、経年による安全や設備の劣化などハード面とソフト面でのリニューアルが図られている。また国土交通省による安全対策などによる省令が随時改正されるため、それに対応する工事も行われている。

運転保安設備では、都営浅草線相互直通運転のネットワークで使用されてきた1号線ATSを高機能の新ATS装置(C-ATS)に更新し、平成21(2009)年2月14日全線での使用開始に伴い、車載設備についても全車輌の改造工事が行われた。[図版①参照]

またC-ATSにより、停車すべき駅を列車が誤って通過した場合、遮断機の降りていない踏切に進入する恐れのある箇所では踏切道手前で列車を停車

●図版① C-ATSの動作概要　　提供:京急電鉄

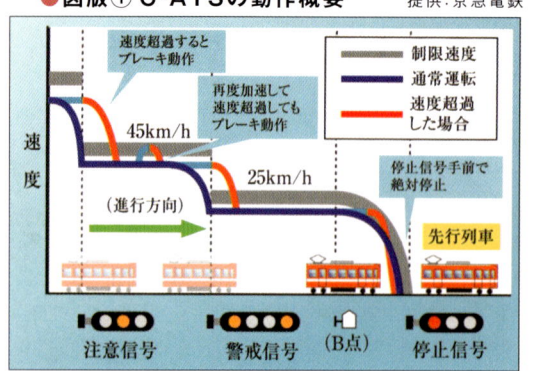

車輌総説

させるか、踏切遮断が完了した後に列車が通過するように列車速度を制御する踏切道防護システムが、平成24（2012）年6月に全線に整備された。
［図版②参照］

列車無線装置は、事故などの発生を周囲1km範囲の上下列車に通報する車上の発報信号が万一、電源回路や蓄電池の電源が断たれたとしても、バックアップ充電器に自動で切り換える改良工事を平成22（2010）年度までに行ったが、アナログ方式の誘導式列車無線から高性能で多機能のデジタルSR方式に更新する計画があり、平成25（2013）年度製の新造車輌と更新車から準備が始められている。

一方、運転士に身体的な異常が起きた時、列車を停車させる既設のデッドマン装置（運転士異常時列車停止装置）を改良して、弱いブレーキや惰行運転中も、一定時間内に機器操作がない場合には動作するように機能の向上が図られ、平成23（2011）年5月までに全車輌の運転台に整備された。

車輌間の転落防止幌は平成9（1997）年度の2100形から設置され、当初は検査時などには折りたたむことができるタイプが在来車輌も整備されてきたが、1000形ステンレス車からJRや他社で広く使用している固定式に変更され、既設の在来車も順次交換が進められている。

なお、先頭車の運転妻には設置していないので、増結などによる先頭車同士の連結となる場合、1000形の4輌固定編成の先頭車輌には連結時の停車中、ドアが開いている時に音声で注意を促す装置を備えている。

正面及び側面の表示器は、1000形2次車

●図版② 踏切道防護システムの動作概要　提供：京急電鉄

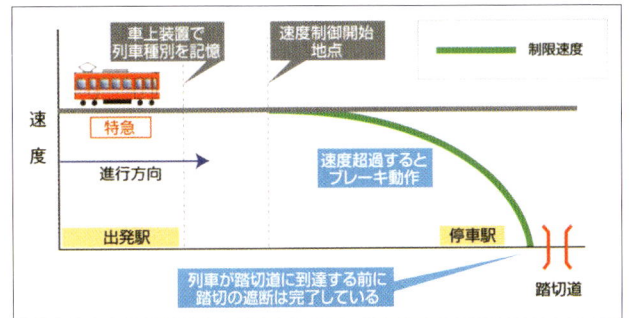

◀枠形の誘導式列車無線（IR無線）と空間波式列車無線SR無線の取り付け準備がなされた先頭車輌の屋根部分　平25.8.27

▶折りたためるタイプのものから、他社でも広く見られる固定式のタイプとなった転落防止幌　平24.5.27

▶LED照明を導入した車輌の車端部には、その旨を示すステッカーが貼られている　平25.11.14

の平成15（2003）年度車から、字幕が白地に黒文字に変更となり、在来車輌も順次交換されたが、平成18（2006）年度製の1000形5次車からはフルカラーのLED表示となった。

車内案内表示器は、600形の1次車に取り付けられた中央扉閉切表示が最初である

が、2次車以降は快速特急運行時の中央ドア閉め切りをやめたので未装備となった。フリーパターン式LEDの行先・次停車駅案内を各側扉鴨居に設けたのは2100形からで、1000形では車掌スイッチに連動して鳴動する、ドア開閉タイミングを知らせるチャイムが併設された。

さらに平成22(2010)年度10次車から全開を知らせる3連音を追加した。また表示装置を600形更新車で採用した液晶(LCD)17インチワイド画面2基の映像情報配信装置(トレインビジョン)に変更したが、平成25(2013)年度製13次車および当年度更新車では1画面に変更となった。

車内照明は平成21(2009)年12月から2000形、2100形、1000形の各形式1輌の一部で、LED照明に変更して各社製品を比較検討し、1000形11次車のうち平成24(2012)年3月新造の1313編成全車に採用、以後12次車からは本格導入となった。在来車については平成25(2013)年度更新車から採用している。

ステンレス車輌の増加と 3扉ロングシート化が加速

現有車輌の現況は、更新工事の終了している800形、3扉改造を受けた2000形の廃車が始められた。1500形は平成20(2008)年度で車輌更新が終了、以後チョッパ車は

●現有車輌主要機器一覧

車輌形式	区分	主電動機		容量	補助電源装置		出力	出力電圧
		型式	製造		型式	製造		
800形		TDK8570-A	東洋	100kW×4	TDK3320-A (BLMG)	東洋	100kVA	AC200V
		MB-3242-AC	三菱					
2000形	8輌固定	TDK8575-A	東洋	120kW×4	NC-DAT-140	三菱	140kVA	AC200V
		MB-3281-AC	三菱					
	4輌固定	TDK8575-A	東洋				140kVA	AC200V
		MB-3281-AC	三菱					
1500形	チョッパ	TDK8700-A	東洋	100kW×4	NC-DAT-75B	三菱	75kVA	AC200V
		MB-3291-AC	三菱					
	インバータ	TDK6160-A	東洋	120kW×4	SVH85-461-AM	東洋		
		MB-5043-A	三菱		NC-FAT-75A	三菱		
	インバータ改	TDK6162-A	東洋	155kW×4	SVH85-461-AM	東洋		
		MB-5121-A	三菱		NC-DAT-75B	三菱		
					NC-FAT-75A			
600形	1~3次車	TDK6160-A	東洋	120kW×4	SVH85-461-AM	東洋		
		MB-5043-A	三菱		NC-FAT-75A	三菱		
	4次車	TDK6161-A	東洋	180kW×4	SVH170-4009A	東洋	150kVA	
					SVH85W-4008A		75×2kVA	
		MB-5070-A	三菱		NC-WAT150A	三菱	150kVA	
					NC-WAT150B		75×2kVA	
2100形	新造時	1BT2010-OGC02	Siemens	190kW×4	NC-WAT150C		150kVA	
	機器更新	TDK6163-A	東洋					
1000形	1~2次車	1BT2010-OGC02	Siemens	190kW×4	NC-EAT150A	三菱	150kVA	AC440V
					NC-EAT75A		75kVA	
	3~5次車	1BT2010-OGC02(B)			NC-EAT150A		150kVA	
					NC-EAT75B		150kVA×2	
	6次車~	TDK6162-A	東洋	155kW×4	INV153-F0	東芝	170kVA	
		MB-5121-A2	三菱					
電動貨車		TDK8700-A	東洋	100kW×4	NC-SAT-30A	三菱	22kVA	AC100V

◆ 車輌総説 ◆

初期鋼製車を含めた4輌固定編成を除き、4M2Tのインバータ御車への改造工事が進められている。

なお、平成24（2012）年9月24日に追浜－京急田浦間で発生した土砂崩壊による脱線事故により、1701編成8輌固定編成が事故廃車となっている。

3扉オールクロスシート車の600形は、平成17（2005）年度からロングシート化が始められ、引き続き平成21（2009）年度からは機器類を含めた車輌更新工事が行われ、平成25（2013）年度で全車完了する。

2100形は平成20（2008）年度から国産主制御装置および主電動機への交換工事が進められていたが、平成25（2013）年度からは車輌更新工事が始められた。

1000形は平成18（2006）年度の6次車より、従来のアルミ合金製車体からステンレス製車体に変更、主要機器や車内見付など、大幅な別形式ともいえる変更が行われた。従来、普通列車の6輌編成は800形と初代1000形が使用されてきたが、初代1000形の廃車が進むにしたがって、その不足は1500形の編成替えで補われてきた。

今後は800形の廃車が促進されると考えられるため、1000形の6輌編成の新造が平成23（2011）年度から始められ、増備が進行中である。

京急の車輌は、3扉クロスシート車600形のロングシート化により、クロスシート車は2扉の2100形80輌に減少、また4扉ロングシート車は平成23（2011）年度から800形の廃車が開始されたため、同様に減少に向かっており、ステンレス鋼製車輌の増加とともに3扉ロングシート車への集約が進んでいる。

平成26年1月現在

電動空気圧縮機				集電装置	主制御装置		ブレーキ装置	車輌形式
型式	製造	容量	吐出量		型式	製造	方式	
C2000M、L	三菱	12kW	2100ℓ/min.	PT43-E5	ES770-A	東洋		800形
C2000M、L	三菱	12kW	2100ℓ/min.	PT4323S-A-M または PT43-E6・E7 の改良品 PT43-E6	ES782-A	東洋	MBS-R	2000形
C2000M、L AR-2BA.2B	三菱	12kW 15kW	2100ℓ/min. 2000ℓ/min.					
C1500LA	三菱	10kW	1500ℓ/min.		ES786-A.B.C	東洋	MBS-A	1500形
					CB-18C-20	三菱		
					RG627-A	東洋		
					15V31	三菱		
					RG694-AM	東洋	MBS-R	
					15V164	三菱		
					RG627-A	東洋		600形
					15V31	三菱		
					RG656-A	東洋		
					15V61	三菱		
SL22	Knorr	17kW	1600ℓ/min.	PT7117-A	G1450D1130/560M5-1	Siemens	MBS-A	2100形
					RG6008-A	東洋		
SL22 SL6	Knorr	17kW 6.4kW	1600ℓ/min. 800ℓ/min		G1450D1130/560M5-1	Siemens		1000形
					G1450D1130/480M5-1(A)	Siemens		
					G1450D1130/480M5-1(B)	Siemens		
MBU1600Y-1	三菱	13kW	1600ℓ/min.		RG694-BM	東洋		
					15V174	三菱		
AR-2BA	三菱	15kW	2000ℓ/min.	PT7117-A	ES786-B	東洋	MBS-R	電動貨車

車輌探見 ①

名車・先代1000形と同様に
「快特」から「普通」までオールマイティな
役割をこなす一大勢力となった最新車輌

▶1000形1次車。2100形を踏襲したデザイン。扉間の側窓はカーテンのガイドを兼ねた窓柱で2分割となっている
久里浜工場信号所
平14.2.23

▶1000形◀

*1000*形

▲デビュー時のポスター。試乗会も開催された

▲アルミ車からステンレス車に変更して、さらに増備が続く1000形　　　　　　　品川　平25.12.26

▲登場時の車輌カタログ。空港線を意識させる旅客機とともに

◀4輌固定編成の1000形2次車。側窓が上方に20mm拡大され、扉間が1枚ガラスとなった。また行先表示の字幕が白地に黒文字に変更された
久里浜工場信号所
平15.7.13

73

先代1000形引退に伴い「新」が取れて晴れて1000形に

1000形は600形と2100形の製造により、3扉ロングシート車は8年間製造が途絶え、その間に先代の初代1000形や二代目700形の廃車が進んだ平成13（2001）年度から、都営浅草線直通車輌として製造が始まった。製造当初は初代の1000形がまだ現役車輌として在籍しており、「新1000形」や「N1000形」と呼ばれたが、平成22（2010）年度に初代1000形は全車引退したため、単に1000形という呼称が定着しつつある。

製造当初は2100形のシステムを踏襲した3扉ロングシート車であったが、増備の過程で編成構成や主要機器、設備の変更などが行われて増備が行われた。さらに平成19（2007）年度には、京急の従来からの車輌に対するコンセプトを180度転換するステンレス鋼車体に変更、主要機器類も国産メーカー品に回帰するなど、別形式としてもおかしくない変更が行われ、現在も増備が続けられ、京急の主力車輌となった。

1次車は2100形と同様、4M4Tの8輌固定編成だが、都営浅草線直通車輌のため、先頭車輌も含め車体長が全車17.5mに揃えられ、編成構成は編成重量配分の見直しにより、浦賀方の付随車を入れ替えて先頭車輌の隣を集電装置、補助電源装置付き車輌として、編成中央で対称の並びに変更された。

同時に4輌固定編成も製造された。先頭車が電動車とし、中間に付随車を2輌挟み込んだ2M2Tの構成で、600形4輌固定編成と同様だが、将来の編成替えに対して、8輌固定編成と4輌固定編成から6輌固定編成が可能なように、集電装置や補助電源装置を、中間付随車2輌に分散配置としている。

主制御装置、主電動機は2100形と同様だが、駆動装置の撓（わた）み板が特殊鋼からカーボン入り強化FEP（CFRP）に変更されている。台車も2100形と同形だが、電動台車と付随台車との共通台車枠から、それぞれ専用の台車枠に変更、付随車の車軸も専用として、太さが一様で軽量化が図られ、TH2100AMとTH2100ATとした。

車内は2000形3扉改造車や1500形更新車と同様の暖色系を基調にして、乗務員室

1000形編成図①

● 1000形アルミ1・2次車8輌固定編成 1001〜1040

車 種		Muc	Tpu	Tu	Mu	Ms	Ts	Tps	Msc
自 重	(t)	33	27	23	31	31	23	27	33
定 員	(座席)	122 (45)			130 (56)				122 (45)
最大寸法 (mm)	長	18000							
	幅	2830							
	高	4026.5	4050		4026.5			4050	4026.5

※表中の最大寸法長は連結面間距離を示す

1000形編成図 ②

●1000形アルミ3〜5次車8輌固定編成 1041〜1072

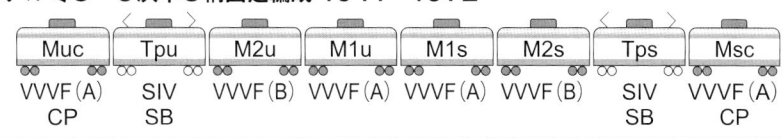

		Muc	Tpu	M2u	M1u	M1s	M2s	Tps	Msc
		VVVF(A) CP	SIV SB	VVVF(B)	VVVF(A)	VVVF(A)	VVVF(B)	SIV SB	VVVF(A) CP
車　種		Muc	Tpu	M2u	M1u	M1s	M2s	Tps	Msc
自　重	(t)	32	27	30	30	30	30	27	32
定　員	(座席)	122(45)			130(56)				122(45)
最大寸法 (mm)	長				18000				
	幅				2830				
	高	4026.5	4050		4026.5			4050	4026.5

●1000形アルミ1次車4輌固定編成 1401〜1408

		Muc1	Tpu1	Tps1	Msc1
		VVVF CP	SIV SB	SIV SB	VVVF CP
車　種		Muc1	Tpu1	Tps1	Msc1
自　重	(t)	33	26.5	26.5	33
定　員	(座席)	122(45)	130(56)		122(45)
最大寸法 (mm)	長		18000		
	幅		2830		
	高	4026.5	4050		4026.5

装備機器の凡例

- CS(F)……主制御装置(分巻界磁チョッパ)
- VVVF……主制御装置(VVVFインバータ)
- BL-MG……補助電源装置(ブラシレス電動発電機)
- SIV……補助電源装置(静止形インバータ)
- CP……電動空気圧縮機
- SB……蓄電池

●1000形アルミ2次車4輌固定編成 1409〜1416

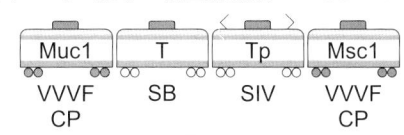

		Muc1	T	Tp	Msc1
		VVVF CP	SB	SIV	VVVF CP
車　種		Muc1	T	Tp	Msc1
自　重	(t)	33	24	27	33
定　員	(座席)	122(45)	130(56)		122(45)
最大寸法 (mm)	長		18000		
	幅		2830		
	高	4026.5	4050		4026.5

●1000形アルミ3〜5次車4両固定編成 1417〜1448

		M1uc1	M2	Tp	Msc1
		VVVF(A) CP	VVVF(B) SB	SIV	VVVF(A) CP
車　種		M1uc1	M2	Tp	Msc1
自　重	(t)	32	31	27	32
定　員	(座席)	122(45)	130(56)		122(45)
最大寸法 (mm)	長		18000		
	幅		2830		
	高	4026.5	4050		4026.5

▲高架化まで見られた横浜方面から羽田空港へアクセスする特急。京急川崎－金沢文庫間は快特に併結運転された
糀谷－京急蒲田　平20.11.11

仕切や連結妻壁面、座席袖仕切はピンク、それを淡い色調にした室内化粧板や側扉化粧板でまとめられた。乗務員室背後の前面展望座席は取りやめになりロングシートとなったが、連結妻車端部は2100形と同様の、座席によるボックスシートと補助イスは残された。ロングシートは座り心地を重視した片持ち式で、座面下に暖房装置が取り付けられている。

環境対策として、各部材はFRPからアルミなど、リサイクルに配慮した材料に変更されている。側窓はロールカーテンのガイドを兼ねた内キセを、FRPからアルミ製に変更した2連の固定窓で、日射の透過率の低い緑色の複層ガラスが使われている。

乗務員室の背後には座席を設けて側窓を配置するのは、扇風機や冷房のない時代には車内換気に効果的であったが、京急は冷房車輛となってもこの配置を崩さず、600形では戸袋窓となっても窓を設けている。1000形でもこの部分には眺望を求めるにはあまりにも狭く、採光用としか思えない側窓が設けられている。

天井は、2100形のFRP製曲面天井からアルミ製の平天井に変更、排気扇に加えてラインデリアが装備された。冷房装置もオゾン層破壊防止により、新代替フロンを採用した機種となっており、レール方向に若干長くなっている。

▲1次車の車内、アルミ車は連結妻車端部のボックスシートが残された 平26.1.7

▲1次車の扉間の窓は2分割されている 平26.1.7

▲1次車の連結妻車端部のボックスシートとドア横の補助イス 平26.1.7

▲1次車の車内。手前は優先座席 平26.1.7

1000形

サイドビュー比較

数度にわたって変更された1000形先頭車を真横から見る

▲1次車のサイドビュー、扉間の窓が2分割となっている　　　　　　　　　平24.7.12

▲2次車から5次車までのサイドビュー、窓が上方に拡大されて1枚窓となった　　平24.5.1

▲6次車以降の先頭車のサイドビュー、窓隅のRなど従来の京急車とイメージが異なる　平24.5.1

77

●1000形 製造一覧

平成26年1月16日現在

製造区分	輌数	編成・車号	入籍
1次車	32	1001-1002-1003-1004-1005-1006-1007-1008	平14. 2.23
		1009-1010-1011-1012-1013-1014-1015-1016	平14. 6.28
		1017-1018-1019-1020-1021-1022-1023-1024	平14. 5.31
		1401-1402-1403-1404	平14. 6.29
		1405-1406-1407-1408	平14. 6.29
2次車	24	1025-1026-1027-1028-1029-1030-1031-1032	平15. 5.19
		1033-1034-1035-1036-1037-1038-1039-1040	平15. 6.24
		1409-1410-1411-1412	平15. 7. 3
		1413-1414-1415-1416	平15. 7. 3
3次車	24	1041-1042-1043-1044-1045-1046-1047-1048	平17. 1.19
		1049-1050-1051-1052-1053-1054-1055-1056	平17. 3. 1
		1417-1418-1419-1420	平17. 3.11
		1421-1422-1423-1424	平17. 3.11
4次車	24	1057-1058-1059-1060-1061-1062-1063-1064	平17. 8.30
		1425-1426-1427-1428	平17. 7.26
		1429-1430-1431-1432	平17. 7.26
		1433-1434-1435-1436	平17. 8. 9
		1437-1438-1439-1440	平17. 8. 9
5次車	16	1065-1066-1067-1068-1069-1070-1071-1072	平18.10.30
		1441-1442-1443-1444	平18.11.14
		1445-1446-1447-1448	平18.11.14
6次車	8	1073-1074-1075-1076-1077-1078-1079-1080	平19. 3.14
7次車	16	1081-1082-1083-1084-1085-1086-1087-1088	平20. 1.21
		1089-1090-1091-1092-1093-1094-1095-1096	平20. 2. 8
8次車	32	1097-1098-1099-1100-1101-1102-1103-1104	平20.10.27
		1105-1106-1107-1108-1109-1110-1111-1112	平20.11.17
		1113-1114-1115-1116-1117-1118-1119-1120	平20.12.15
		1449-1450-1451-1452	平20. 9.22
		1453-1454-1455-1456	平20. 9.22
9次車	32	1457-1458-1459-1460	平21. 4. 1
		1461-1462-1463-1464	平21. 4. 1
		1465-1466-1467-1468	平21. 4. 3
		1469-1470-1471-1472	平21. 4. 3
		1473-1474-1475-1476	平21. 5.22
		1477-1478-1479-1480	平21. 5.22
		1481-1482-1483-1484	平21. 6. 4
		1485-1486-1487-1488	平21. 6. 4
10次車	28	1121-1122-1123-1124-1125-1126-1127-1128	平22. 5.10
		1129-1130-1131-1132-1133-1134-1135-1136	平22. 6. 2
		1137-1138-1139-1140-1141-1142-1143-1144	平22. 6.21
		1489-1490-1491-1492	平23. 3.17
11次車	26	1145-1146-1147-1148-1149-1150-1151-1152	平24. 1.10
		1301-1302-1303-1304-1305-1306	平23. 4.15
		1307-1308-1309-1310-1311-1312	平23. 4.22
		1313-1314-1315-1316-1317-1318	平24. 3. 9
12次車	20	1153-1154-1155-1156-1157-1158-1159-1160	平24. 4. 6
		1319-1320-1321-1322-1323-1324	平24. 4.17
		1325-1326-1327-1328-1329-1330	平24. 4.24
13次車	14 (20)	1161-1162-1163-1164-1165-1166-1167-1168	平25. 8.27
		1331-1332-1333-1334-1335-1336	平26. 1. 7
		(1337-1338-1339-1340-1341-1342)	平26. 3. 7(予定)
合計	296		

◆1000形◆

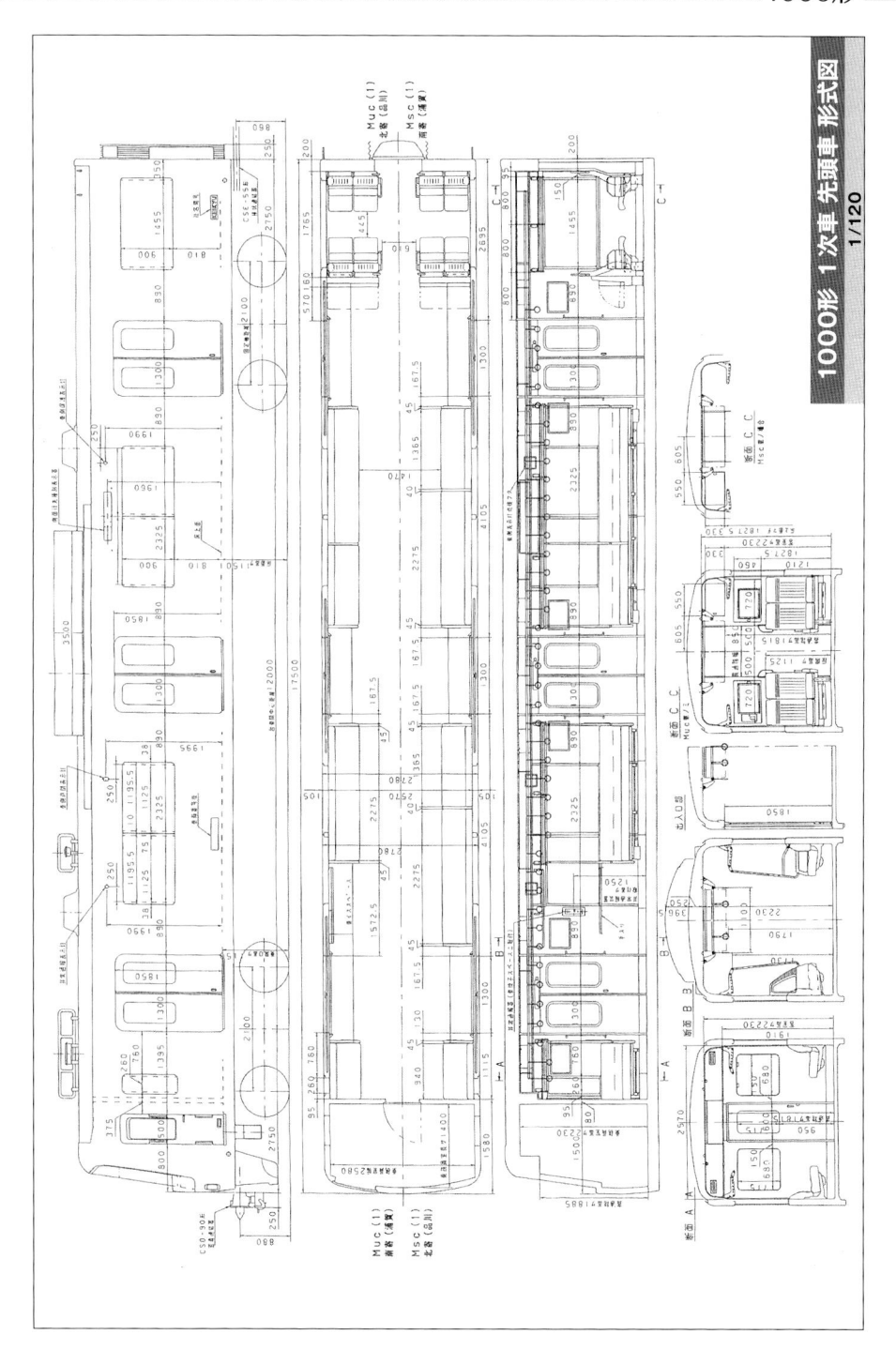

1000形 1次車 先頭車形式図
1/120

増備ごとに変更が施され多彩なバリエーションに

続いての2次車では、側引戸間の側窓の1枚窓化と天地方向への拡大が行われ、グレーの複層ガラスに変更となった。4輛固定編成は、編成替えを考慮しないTP車への機器集中配置が行われた。

また、字幕表示が黒地に白抜き文字から白地に黒文字に変更となり、ローマ字表記が加えられた。

3次車では、雨天時の加減速性能と乗り心地改善、自己粘着性能向上を計るため、主要機器やMT比の変更をはじめ、火災対策基準に対応した。編成構成はこれまでのMT比を変更、8輛固定編成は6M2Tに4輛固定編成は3：1となった。

インバータ制御装置は、2100形から続いた起動時にメロディを奏でるGTOサイリスタからIGBTに変更、トラクションコンテナも小型軽量化が図られ、冷却方式も、強制風冷式から走行風自冷方式となった。制御ユニットは1C4Mと1C8Mの2種類となり、インバータ制御装置箱も制御アンプ装備の主制御箱（A-Box）と主制御箱無装備の（B-Box）の2種類があり、1C4Mの場合はA-Boxで制御し、1C8Mの場合はA-boxとB-boxで8個の主電動機を制御する。

台車は車体重量の軽減に伴う各所変更および、砂撒き装置、車端ダンパ取り付け受け廃止などにより互換性が失われたため、TH2100BM、TH2100BTと形式が変更なっている。また、集電装置に設けられている避雷器は、露出形から絶縁カバー付きに変更された。

室内では車端部のボックスシートが国産品に変更、補助イスはボックスシートと一体型に変更された。これにより、車端部のボックスシートの座席間が80㎜拡幅されている。

これまで偶数号車にのみ取り付けていた妻引戸を、防火対策のため浦賀方先頭車を除き全車輌取り付けに変更。また、ラインデリア吹き出し口のFRPをアルミに変更した。

5次車では正面、側面の標示器が幕式からフルカラーLED標示に変更された。

▲4輛固定編成は、転落防止幌が取り付けられない先頭車同士の連結部の先頭車スカート内にスピーカーが取り付けられた。ドアの開いている停車時に、視覚障害者に対して警告音を発する　　　平17.7.19

▲座席と一体化した4次車の補助イス　　平25.11.25

1000形

▲1000形ステンレス車とアルミ車による12輛編成「H特急」　　神奈川－仲木戸　平24.8.22

▲1・2次車のTH2100AM　　平14.7.14

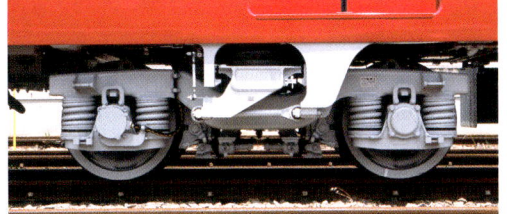

▲1・2次車のTH2100AT　　平14.7.14

▲3次車以降のTH2100BM　　平24.3.18

▲3次車以降のTH2100BT　　平24.3.18

6次車からは車体や主要機器に大幅な変更が

　6次車の平成18(2006)年度車以降は車体および主要機器の全面変更が行われた。車体材料をアルミ合金製からJR東日本のE231系や、東急5000系をベースにした標準設計を取入れステンレス鋼製(運転妻周りや台枠の一部は普通鋼製)に変更、主要機器も見直しが行われた。

　主要機器はこれまでの海外製品から国内メーカー製に変更、8輌固定編成では6M2Tで変わらないが、電動車ユニット同士の間に付随車が1輌挟まれた編成構成で京成電鉄の3000形と同様となっている。

　4輌固定編成は4Mの全電動車編成で、11次車から新たに製造が始められた6輌固定編成では、8輌固定編成から中間の電動車ユニットを抜いた4M2T編成となっている。

　主制御装置は、1500形のインバータ制御改造車に用いられた国産IGBTを主回路素子としたもので、IPMモジュールにより装置の小型化と回路の簡素化が図られており、1C4Mの2群としてM1車に装備され、M1・M2車の8個の主電動機を制御する。主電動機は国産の一時間定格出力155kWを使用している。台車は従来からのTH2100B形を、車輌重量の変化に伴い、軸バネを変更している。電動空気圧縮機は、スクリュー方式から国産のスクロール方式に変更された。

　製造分担は8輌固定編成が東急車輌→総合車両で、主制御装置や主電動機は三菱電機。4輌固定、6輌固定編成は川崎重工業、東洋電機の組み合せになっており、かつての東洋・東急、川重・三菱からそれぞれのパートナーが入れ替わっている。

　車体はステンレス製となり、外板はベルトグラインダー仕上げ無塗装としたが、かなりの面積にカラーフィルムを貼り付け(運転妻周りは塗装)、京急の車輌のイメージを残すよう努めている。側面はブロック共通化により表示器、表示灯類は点対称の配置としている。連結妻部の雨樋や高圧配管は露出取り付け、屋根は歩み板を車体全長にわたって設け、滑り止めが施された。

　運転妻は従来のイメージを残しているものの、一体であった大型三次元曲面ガラスは、前面窓、貫通扉窓、表示窓と前照灯2灯の5分割となり、ワイパーを隠していたカバーをやめたため、形式を表す切り抜き文字はそれらしく見えるような貼り文字となった。側構えが台枠より上がわずかに内側に傾斜(0.79°)していることもあり、アルミ車輌より面長に見えるが、塗装により丸みが強調されている。

　乗務員室は安全と操作性を高めるため、運転台と運転席座面をそれぞれ従来より150mm高く配置、奥行も200mm延長したが、背後に非常時のはしごを収納しているため、その割りに広くはなっておらず、乗務員室仕切りの窓が小型となり、前面展望を売りにしてきたこれまでの京急の車輌らしからぬ造作となっている。

　客室は乗務員室背後に側窓も座席を設けず、連結妻端のボックスシートをロングシートに変更したため座席定員は減少しているが、座席自体はアルミ車からの変更はなく、座り心地重視のバケットタイプとなっている。側窓は扉間2連窓のうち片方を下降式の開閉窓としたため、ガラスは単層の緑色の熱線吸収ガラスに変更された。

1000形 2次車 先頭車 形式図

1/120

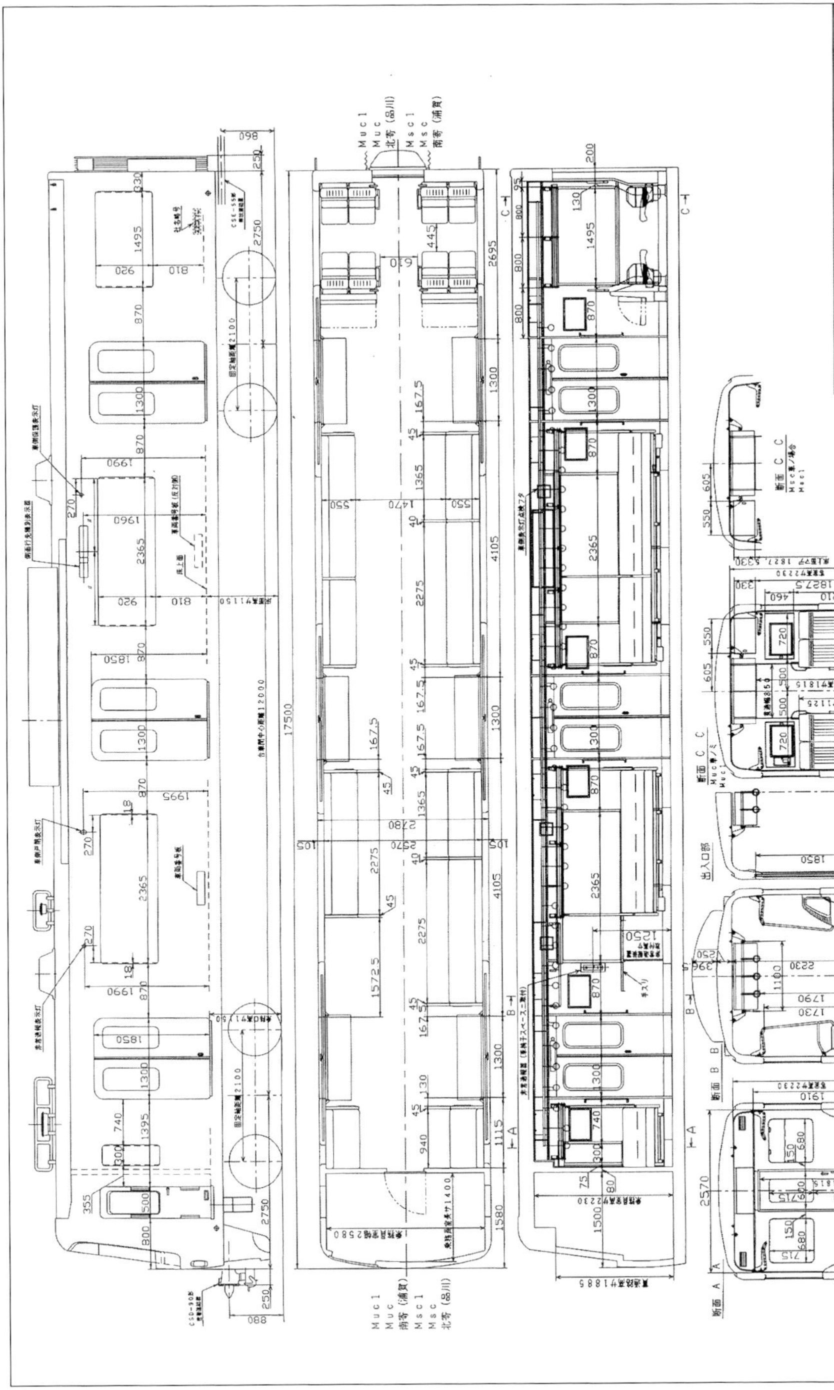

▶ADL装置の乗務員室部分。6輛固定編成に取り付けられた4輛ホームの梅屋敷駅対策のための自動戸閉切放装置（ADL）。高架化により6輛編成停車が可能となり取り外された　平24.3.18

▲6次車の台枠上から側構えが内側に傾斜した細面のステンレス車正面　　久里浜工場信号所　平19.3.31

▲ADL装置の床下機器部分　平24.3.18

▲左は総合車両製の8輛固定編成。右は川崎重工製の4輛固定編成で両社で製作方法が異なり、幕板部分の赤いラインの太さが異なる　　金沢文庫　平25.12.7

1000形

▲乗務員室。コンソールの右に列車モニタを備える　平24.3.18

▲車内のLED照明。蛍光灯に比べ肩平な灯具が特徴　平24.3.18

▲11次車1313編成のLED照明となった車内。12次車以降は全車LED照明となる　平24.3.18

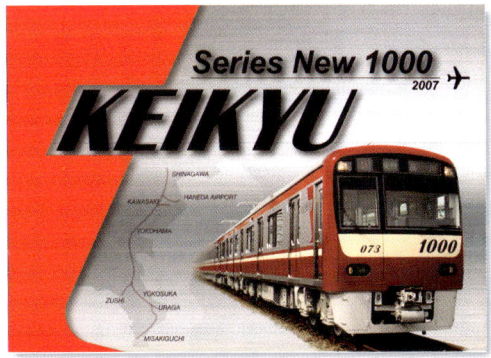

▲ステンレス車体となった1000形6次車の車輌カタログ

▲1000形11次車の車輌カタログ

85

また、車内化粧板はアルミ車と同様の色調としたが、アルミ車では側面より濃い色調でアクセントをつけていた妻面が側面の色調に統一された。

天井は燃焼基準に適合したFRP製の天井ユニットを採用している。側引戸はメーカーの規格品を使用、内側の化粧板をやめてガラスは単層緑色の熱線吸収ガラスに変更となっている。

10次車以降の8輌固定編成は、600形と同様の列車モニタを備え、「アクセス特急」運用対応となっている。

モニタ装備やLED化 さらに進化が進む

11次車の1313編成の室内照明は、乗務員室を含めすべてLED照明に変更した。以後12次車からは、全車がLED照明となった。

1000形は後発のステンレス車がアルミ車の数を上回り、総計は平成26(2014)年3月には300輌を突破する。京急の車輌の中で群を抜いた数となり、都営浅草線直通「快特」から「普通」まで先代の初代1000形にも劣らない、オールマイティな代表車輌となった。

1000形編成図 ③

●1000形ステンレス6次車8輌固定編成 1073〜

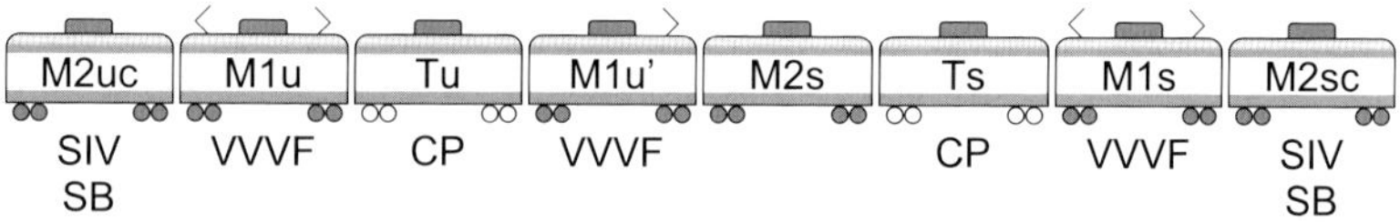

車 種		M2uc	M1u	Tu	M1u'	M2s	Ts	M1s	M2sc
自 重	(t)	33.5	32.5	24.5	32	28.5	24.5	32.5	33.5
定 員	(座席)	118(39)			129(52)				118(39)
最大寸法 (mm)	長	18000							
	幅	2830							
	高	4026.5	4050	4026.5	4050	4026.5	4050	4026.5	4026.5

※編成図の記号: M2uc - SIV/SB, M1u - VVVF, Tu - CP, M1u' - VVVF, M2s - (なし), Ts - CP, M1s - VVVF, M2sc - SIV/SB

●1000形ステンレス6輌固定編成 1301〜

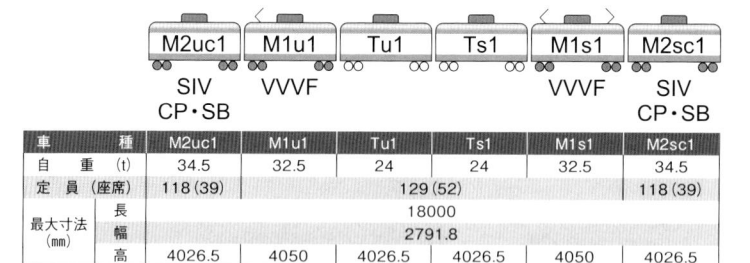

車 種		M2uc1	M1u1	Tu1	Ts1	M1s1	M2sc1
自 重	(t)	34.5	32.5	24	24	32.5	34.5
定 員	(座席)	118(39)		129(52)			118(39)
最大寸法 (mm)	長	18000					
	幅	2791.8					
	高	4026.5	4050	4026.5	4026.5	4050	4026.5

※編成図の記号: M2uc1 - SIV/CP・SB, M1u1 - VVVF, Tu1, Ts1, M1s1 - VVVF, M2sc1 - SIV/CP・SB

●1000形ステンレス4輌固定編成 1449〜

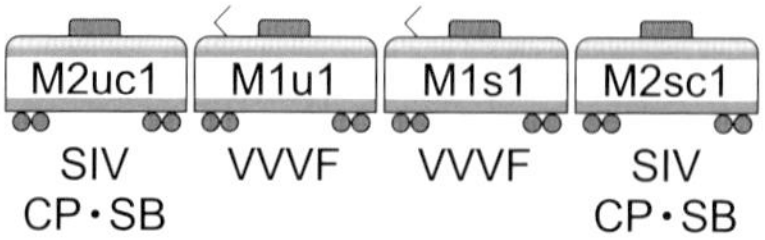

車 種		M2uc1	M1u1	M1s1	M2sc1
自 重	(t)	34.5	32.5	32.5	34.5
定 員	(座席)	118(39)	129(52)		118(39)
最大寸法 (mm)	長	18000			
	幅	2791.8			
	高	4026.5	4050	4050	4026.5

※編成図の記号: M2uc1 - SIV/CP・SB, M1u1 - VVVF, M1s1 - VVVF, M2sc1 - SIV/CP・SB

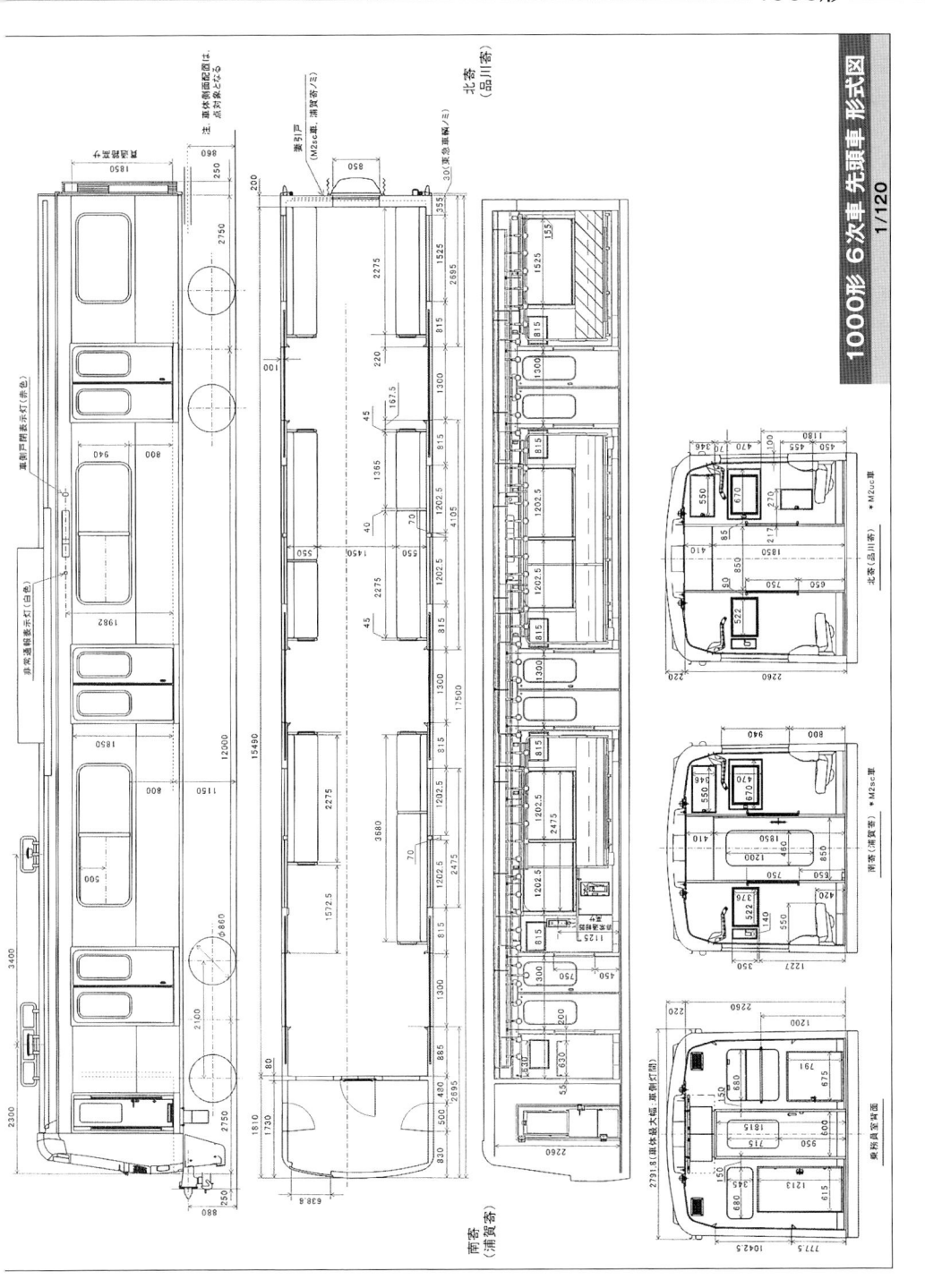

1000形

1000形 6次車 先頭車 形式図
1/120

車輌探見 ②

高速運転と高品位の伝統を受け継ぐ
海外製機器を使った「ドレミファ電車」は
日本製機器への取り替え進む

◀行き先方向幕が黒
地に白ヌキ文字だっ
た新造時の姿
久里浜工場信号所
平10.2.10

2100形

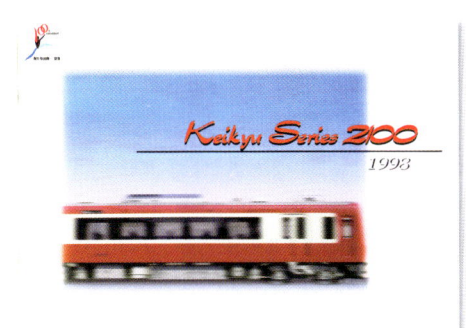

▲登場時に作られた車輌パンフレット

▲日中の本線速達列車［A快特］は20分サイクルで高品位な輸送を担う　　　　　　　　　　逸見　平25.5.27

▲シーメンス社の製品紹介として掲載された2100形

◀扉間はオール転換クロスシートの車内。座席と出入口の仕切り壁に補助イスが設けられている　　　　　平25.8.20

89

2扉クロスシートのフラッグシップ車として誕生

　2100形は、快速特急専用2扉クロスシート2000形の後継車輛として、京急創立100周年となる平成10(1998)年から平成12(2000)年にかけて、8輛固定編成10本80輛が製造された。これにより先代の2000形は日中の快速特急と「京急ウィング号」などの優等列車の座を明け渡し、3扉ロングシートへの改造が始められた。また、2100形は21世紀へ向かう車輛という意味を込めて名付けられた。

　2100形の最大の特徴は、高性能と高品質とともにコストの面を見直し、海外製品を主要機器から座席まで幅広く採用したことにある。時折しもグローバル化が叫ばれ、コスト見直しなどにより海外メーカーの参入が各業種で見られた時代であった。600形に引き続き車イススペースが設けられ、京急では初となる車内案内表示器や連結間の転落防止幌などの設置が行われた。一般に注目を集めたのは、発車時の起動音が音階を奏でることで、600形から受け継いだ前面展望座席とともに、「ドレミファ電車」として一躍沿線の子どもたちの人気者になった。

　編成構成は600形4次車を基本とし、1C4Mの主制御装置による4M4Tで、MT比を1:1とした8輛固定編成となった。主電動機出力は190kWに増強されたが、歯車比は5.93と、600形4次車と変わらない。ドイツ・シーメンス製の制御装置関係機器(VVVFインバータ、断流器、フィルタリアクトルなど)は、トラクションコンテナーと呼ぶ一体型の箱に収納されている。また独特の起動音とともに降雨時の空転に対する対処をはじめ、日本とヨーロッパでは鉄道の歴史的経緯や風土の違いもあり、異なる技術的発想がみられる。

　コンプレッサはクノール製の100パーセント稼働率のスクリュー式を採用、これまでの8輛編成3台装備から2台に削減されている。台車は600形の軸梁式から2000形や1500形の円筒案内式に戻り、電動車と付随車は共通台車枠となった。基礎ブレーキは従来からの金属製ブレーキシリンダをゴムシリンダ(ダイヤフラム式)に変更しており、各車輪には増粘着装置が取り付けられ

●2100形 製造一覧

製造区分	輛数	編成・車号	入籍
1次車	16	2101-2102-2103-2104-2105-2106-2107-2108	平10. 2. 9
		2109-2110-2111-2112-2113-2114-2115-2116	平10. 3. 4
2次車	24	2117-2118-2119-2120-2121-2122-2123-2124	平10.10.27
		2125-2126-2127-2128-2129-2130-2131-2132	平10.10.19
		2133-2134-2135-2136-2137-2138-2139-2140	平10.11. 2
3次車	24	2141-2142-2143-2144-2145-2146-2147-2148	平11. 4.19
		2149-2150-2151-2152-2153-2154-2155-2156	平11. 5.17
		2157-2158-2159-2160-2161-2162-2163-2164	平11. 5.21
4次車	16	2165-2166-2167-2168-2169-2170-2171-2172	平12.11. 8
		2173-2174-2175-2176-2177-2178-2179-2180	平12.10.30
合計	80		

◆2100形◆

ている。なお、当初は軸ダンパを備えていたが、その後取り外された。

運転妻は600形のデザインを受け継いでいるが、分割併合時にスリットを通して対向車輌の連結器を見通せるように、1次車では新たにワイパーカバーに、スリットとして数字を切り抜いた車号を標記した。2次車では互換性などを考慮して形式標記に変更、車号は非常貫通扉に四桁フルで標記

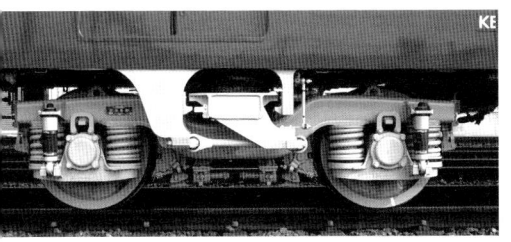

となった。さらに3次車で下二桁標記に再変更して、現在に至っている。この標記は1000形に受け継がれ、600形も更新後は形式のスリット文字が加えられた。

また腰部の尾灯と急行灯の並びは3次車までは600形と同様、内側が急行灯、外側が尾灯としていたが、4次車から相互交換して内側尾灯、外側急行灯に変更、1〜3次車も変更された。

車体はアルミニウム合金製で、中間車が17.5m、先頭車は17.67mと若干長くなっており、先頭車のスカートは600形より左右幅を詰めている。側面は600形より天地寸法が拡大された車体外板と同一面の固定窓で、扉間は連続式となり、窓ガラスは日射透過率の少ない濃グレーの複層ガラスを採用し、遮音、遮光、結露の防止が図られた。

側引戸は座席間隔を確保するため1200mmと、2000形以降の両開き扉より100mm狭くなっており、内側に化粧板を貼り、ガラスは複層ガラスを使用している。なお前方展望座席部分の側窓は600形では戸袋窓となっていたが、若干狭いものの通常の固定窓となった。

▲TH2100M　　　　　平10.2.10

▲TH2100T　　　　　平10.2.10

2100形編成図

●2100形8輌固定編成

車　種		Muc	T	Tp	Mu	Ms	T	Tp	Msc
自　重	(t)	33	24.5	26.5	30.5	30.5	24.5	26.5	33
定　員	(座席)	111(62)※			120(72)※				111(62)※
最大寸法 (mm)	長	18170			18000				18170
	幅	2830							
	高	4026.5	4050		4026.5		4050		4026.5

※更新車は先頭車109(62)、中間車118(72)

▲2001(平成13)年の元旦に運行された「ミレニアム初日号」。記念すべき21世紀の最初の日に走った列車には飾り付けがなされた　　　　　　　　　　　　京急久里浜　平13.1.1

▲当初は窓下に肘掛があったが、のちに撤去されている
平21.12.4

▲制御装置の機器類を収めたトラクションコンテナ
平10.2.10

▲座り心地を重視した転換座席が並び、平日夕方の「京急ウィング号」に使用される　　　　　　平21.12.4

2100形

正面標記の変化
製造次数によって変化したその正面顔

▲**1次車** 前方の下方視界を確保するため、ワイパーカバーにスリット状の数字を切り抜いた車号を付けた　　平10. 2.10

▲**2次車** 2次車では互換性を考え、ワイパーカバーは形式標記とし、車号は非常貫通扉に書かれた　　平10.10.27

▲**3次車** さらに変更となり、車号は下二桁のみの標記となった3次車　　平11 5.21

▲**4次車** 腰部の尾灯と急行灯を入れ替え、これが最終的なものとなり統一された　　平12.10.30

93

受け継いだ長所と2100形ならではの高い品質

車内設備も2000形からのグレードアップを図り、客室は600形から受け継いだ前方展望座席をはじめ、座り心地を重視して2000形より75mm高く、扉間は、京急では初となる進行方向に向いて座れ、転換と連動して傾きを変化するフィット感の優れたノルウェー・エクネス社の、空気圧による一括自動転換座席を採用した。座席の表地はスウェーデン・ボーゲサンズ社の青を基調として赤丸模様のジャガード織りを使用、補助イスも同様の表地を用いた、独立した衝立式となっている。また、先頭車運転室後方扉の直後には車イススペースが設けられている。

窓キセはFRPから金属に変更し、横引きの西陣織のプリーツカーテンを備え、照明は埋め込み方式グローブ付きとなっている。ラインデリアは設けずに出入口部には冷風吹出口を設け、また、固定窓のため蓄電池で動作する強制排気扇を2基設け、連結妻上部にはベンチレータを備えている。

冷房装置は600形と同様の、横型スクロールタイプの圧縮機を設けた41.9kWの集中型だが、動作電圧を440Vに変更した。冷房機本体も両端にFRPのカバーが設けられて外観が整えられた。

2100形から車内の車号、メーカープレート、禁煙板などをはじめとする標記類は従来のプレートからシールに変更、連結妻には検査時には折りたたむことができる転落防止幌が、京急では初めて設けられている。

4扉ロングシートが主流の首都圏の車輌にあって、通常運賃以外（「京急ウイング号」を除き）の、料金を必要としないで乗車できる通勤圏の車輌としては、トップクラスの設備を誇るが、先の先進性とアイデア満載の600形とともにブルーリボン賞、ローレル賞の受賞は逃した。

8輌固定編成の2100形は、増結用の4輌固定編成は製造されず、12輌編成運転では800形を除く、他形式の4輌固定編成の連結運転となる。また、空港線直通列車にも使用され、一部は「エアポート急行」や「普通」として運転されることもある。

「A快特」は平成14(2002)年から日中は泉岳寺までの延長運転が始まり、2100形が泉岳寺に姿を見せるようになった。2157編成は600形の606編成に次いで、「KEIKYU BLUE SKY TRAIN」として青一色に塗装され、平成17(2005)年6月から走り続けている。

高品位を保つため、座席表地の張り替えなどのメンテナンスはこまめに行われているほか、座席窓側の肘掛は平成21(2009)年12月に取り外された。

●2100形外国製品導入一覧

製品名	国名	会社名
主制御器	ドイツ	シーメンス
主電動機	ドイツ	シーメンス
高速度遮断器	スイス	セシュロン
空気圧縮機	ドイツ	クノール
蓄電池	フランス	サフト
転換座席	ノルウェー	エクネス
固定座席	ノルウェー	エクネス
座席生地	スウェーデン	ボーゲサンズ

▶新車当時の車内銘板。「powered by SIEMENS」と書かれており、電機器メーカー名が入るのは珍しかった　平10.2.10

特徴的な海外機器は更新工事前に取り替え

多方面に海外機器を使用して話題をさらったが、平成20(2008)年度から、本格的な更新工事を待たずに制御装置および主電動機が、シーメンスから国産機器(東洋電機製)への取り替えが始められた。主制御器はGTO素子からIGBTに変更となり、最大の特徴であった、インバータ装置および主電動機のメロディを奏でる起動音が聞こえなくなった。主電動機は出力に変更はなく、190kWのTDK6163-Aとなった。

未施工編成を2本残すところになった平成25(2013)年度からは、本格的な更新工事が開始された。施工は未改造編成ではなく、すでに機器交換を行った2101編成が、まず施工されている。

情報装置新設のため先頭車、中間車とも定員を2名分減らした(座席定員は変わらず)。各車連結妻車端部の窓が下降式の開閉可能なものとなり、ガラス面は一段凹んだものとなった。開閉窓部分は横引き布カーテンを取り外し、模様の似たロールカーテンを設けた。窓の一部が開閉式に変更されたことにより、天井の強制換気扇は2台から1台に半減となった。

優先席の座席はシルバーの枕カバーはそのままに、一般席の青地に赤い丸模様を反転させた赤地に青い丸模様のものに変更して、識別をはっきりさせた。

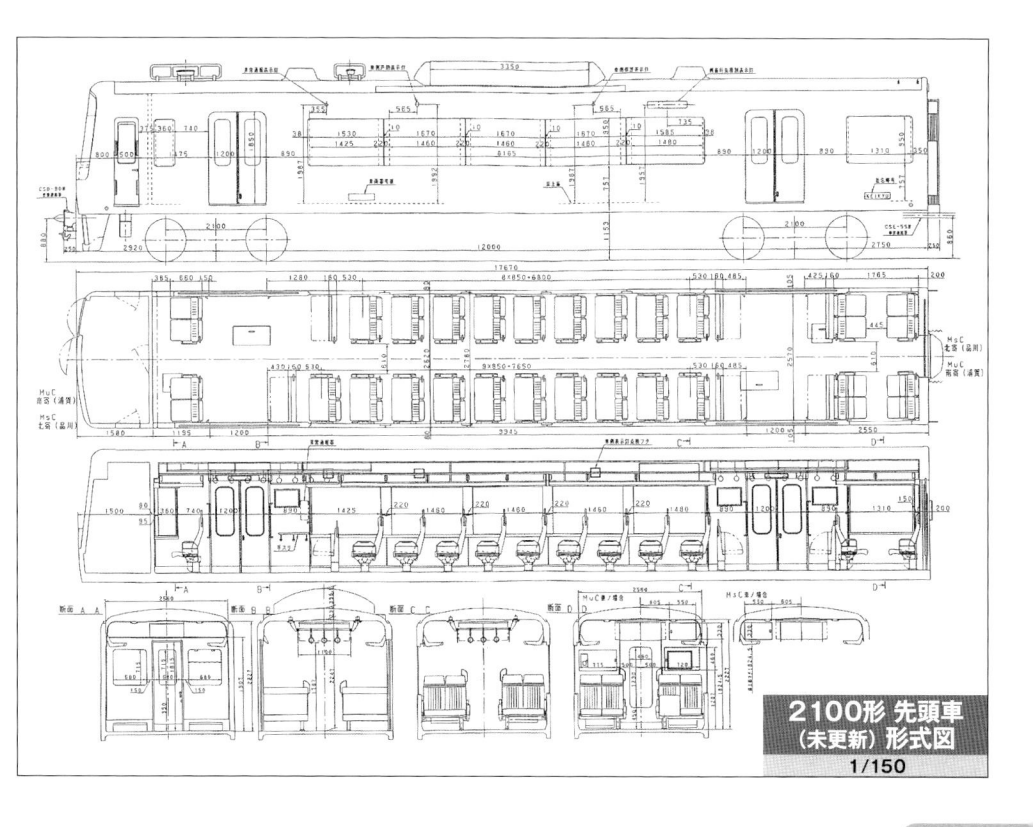

2100形 先頭車(未更新)形式図 1/150

▲疾風のごとく駆け抜ける2100形更新車
京急長沢－津久井浜　平25.10.30

▲一部車端部座席は大型荷物に対応して折りたたむことができる　　平25.8.20

▲更新車の車内。優先席の座席の模様は一般席とは逆転し、赤地に青の水玉となっている　　平25.8.20

2100形

▲更新車の外観。連結車端部の窓が下降窓となったが、あまり目立たない
久里浜工場信号所　平25.8.20

▲更新車では照明カバーがなくなり、LEDの間接照明となった
平25.8.20

▲列車モニタが新設された更新車の運転台　平25.8.20

▲4次車ではイメージチェンジが計画されたが、日の目を見なかった。左が幻となったイメージチェンジのクレイモデル
平13.8

更新の目印は「けいきゅん」のステッカー

　車内および側引戸の化粧板張も取り替え、妻面の化粧板は側面と同色に変更されている。側引戸は戸先に黄色のラインの入ったもの、床には黄色の識別板が取り付けられた。客室スピーカーは8台から音圧の変らない6台に減らした。出入口鴨居には列車情報装置が海側1位ドア上、山側2位ドア上に設置となる。

　室内照明は乗務員室照明も含めてLEDに変更され、客室照明はアクリルカバーが不燃性向上の見地から取りやめとなり、間接照明とした。また乗務員室車掌側の暖房が電熱式に変更となった。さらに、誘導式に代わるSR列車無線装置の準備工事が施工されている。なお更新編成は、未更新編成と識別するために、ワイパーカバーに京急のマスコット「けいきゅん」のステッカーが貼られている。

　先代の2扉クロスシート車2000形は、2100形に世代交代が始まる時期まで、ラッシュ時間帯に「特急」や「通勤快特」に使用される以外は、「快速特急」や「京急ウィング号」専用の定期列車として使用され、「急行」や「普通」での運用はなかった。しかし、インバータ世代の車輌は各形式の性能がほぼ揃えられていることもあって、2100形は空港線の「快特」運用の間合いに、「急行」や「普通」として使用されることもある。

　また、他形式車輌との連結運転も行われ、列車編成にはバラエティがある。その反面、増結用の4輌固定編成が作られなかったため、2100形で揃った12輌編成は見ることはできない。3扉ではあるが、かつてクロスシートであった600形4輌と連結した12輌全車がクロスシートという編成も今や見ることはできなくなった。

　2100形も本格的な更新工事が始められており、「快特」を中心とした活躍が続くものと思われる。

▶車端部の窓は更新により開閉できるようになった
久里浜工場信号所
平25. 8.20

◀連結部のボックスシート部分の窓は下降式で開閉できるタイプに変わった
平25. 8.20

▶更新車の出入口鴨居に取り付けられた列車情報装置
平25. 8.20

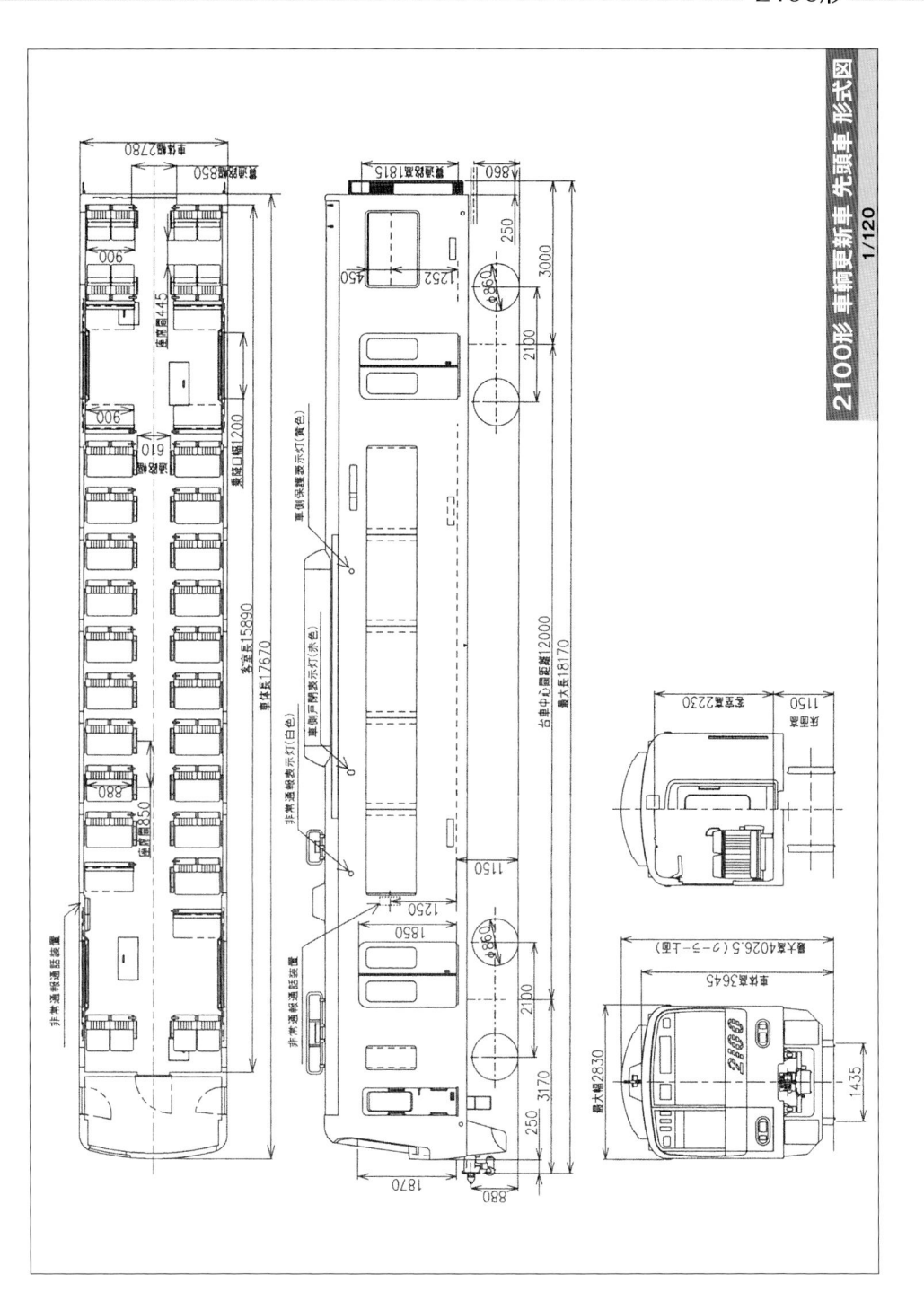

2100形 車両更新車 先頭車 形式図
1/120

車輌探見 3

混雑時には収納できる
世界初の可動式座席「ツイングルシート」を
備えた車輌もロングシート化へ

▶600形の製造当
初の姿。正面の顔
も現在とはかなり
印象が違う
新大津ー北久里浜
平6.4.30

100

600形

◀都営1号線規格車輌でありながらオールクロスシート車としてデビュー。羽田空港と成田空港を結ぶ「エアポート快特」(他者線では「アクセス特急」)
京成蒲田－糀谷　平25.2.9

◀600形登場時のカタログ。京急で初めて車イススペースを設け、バリアフリーに対応した

▶世界初の最新設備を誇らしく謳う駅貼りのポスター

▲デビュー時の試乗会で参加者の目印として配られたバッジ

▶デビュー時のポスター。のちに「ツイングルシート」となった収納型座席のニックネームを募集している

地下鉄直通でありながら オールクロスシート車として誕生

600形は都営浅草線直通用車輌として、1500形1700番台のインバータ車の増備を変更し、平成6(1994)年3月に登場した。当時はバブルが崩壊して景気の低迷が影を落とし始めた時代であったが、JRをはじめ首都圏の私鉄各社では、多扉、広幅扉、完全座席収納などを混雑緩和の切り札として投入していた。

京急ではそれらとまったく逆の発想で、「個の尊重」を基本コンセプトに、地下鉄直通の通勤車輌に意欲的な設備を備えて導入したのが、オールクロスシート車の600形であった。

羽田空港の沖合移転に合わせて、京急では都営浅草線からの乗り入れ列車を、従来の京急川崎折り返しから羽田空港にシフトするべく、空港線の改良、新空港ターミナルへの延長と羽田空港駅の建設工事が進んでおり、本線では京浜間の最高運転速度を120km/hに上げるための曲線緩和、分岐器の変更、カントの増量、信号現示方式の変更などの設備改良が進められていた。

同時期、都営浅草線相互直通運転のパートナーである各社でもインバータ制御車に移行して、東京都では5000形の代替としてアルミ合金製5300形の導入が始まり、京成電鉄もオールステンレス製3700形、同様に北総開発鉄道(現・北総鉄道)7300形の導入が開始されていた。

600形は、乗務員室背後の前方展望座席、車イススペース、FM・AMラジオ受信アンテナ、通勤用車輌では例のない車端ダンパなど備えて注目を集めたが、もっとも意欲的だったのは、混雑度に対応して座席定員の変更が行える可動座席、収納座席(公募により「ツィングルシート」と命名)の導入であった。

さらに伝統ともいえるアンチクライマを未装備として、スカートまでを三次曲線で構成した運転妻には、ワイパーを隠すカバーを備え、戦後は、京急発足時からの「KHK」の社名略称表記を「KEIKYU」に変更するなど、新しい京急スタイルを確立し

● 600形 製造一覧

製造区分	輌数	編成・車号	入 籍
1次車	16	601-1・601-2・601-3・601-4・601-5・601-6・601-7・601-8	平6. 3. 1
		602-1・602-2・602-3・602-4・602-5・602-6・602-7・602-8	平6. 3.10
2次車	24	603-1・603-2・603-3・603-4・603-5・603-6・603-7・603-8	平7. 3. 3
		604-1・604-2・604-3・604-4・604-5・604-6・604-7・604-8	平7. 3.27
		605-1・605-2・605-3・601-4・605-5・605-6・605-7・605-8	平7. 3.20
3次車	16	606-1・606-2・606-3・606-4・606-5・606-6・606-7・606-8	平7. 6.20
		607-1・607-2・607-3・607-4・607-5・607-6・607-7・607-8	平7. 6.27
4次車	32	608-1・608-2・608-3・608-4・608-5・608-6・608-7・608-8	平8. 2. 9
		651-1・651-2・651-3・651-4	平8. 3. 4
		652-1・652-2・652-3・652-4	平8. 3. 4
		653-1・653-2・653-3・653-4	平8. 3.29
		654-1・654-2・654-3・654-4	平8. 4. 1
		655-1・655-2・655-3・655-4	平8. 5.21
		656-1・656-2・656-3・656-4	平8. 5.21
合計	88		

◆600形◆

た。システム的にはアルミ合金製1500形インバータ制御車をそのまま引き継いだ6M2Tの8輌編成で、1次から3次車まで7本56輌が製造された。ワイパーカバーは当初イロンデルグレーと呼ばれる、茶色がかった灰色であった。

車体長は先頭車、中間車とも直通規格の17.5mだが、1500形より車体高さは40mm、天井高さは30mm増加、側扉高さも1850mmに変更となった。オールクロスシートの座席配置により、側扉が1500形に比べて車端部に寄っており、前面展望座席のある乗務員室背後は開閉できる窓を設置できず、戸袋窓となっている。座席配置は扉間ボックスシート2組が基本で、車端寄りのボックスが収納座席(ツイングルシート)となっている。

600形編成図

●600形1~3次車 601~607

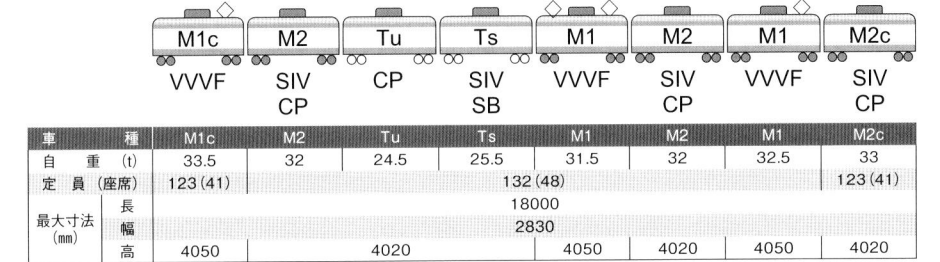

車種		M1c	M2	Tu	Ts	M1	M2	M1	M2c
自重	(t)	33.5	32	24.5	25.5	31.5	32	32.5	33
定員	(座席)	123(41)			132(48)				123(41)
最大寸法 (mm)	長				18000				
	幅				2830				
	高	4050	4020		4050	4020		4050	4020

●600形4次車8輌固定編成 608

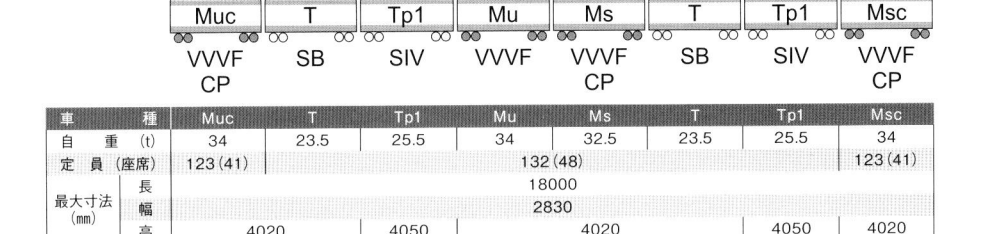

車種		Muc	T	Tp1	Mu	Ms	T	Tp1	Msc
自重	(t)	34	23.5	25.5	34	32.5	23.5	25.5	34
定員	(座席)	123(41)			132(48)				123(41)
最大寸法 (mm)	長				18000				
	幅				2830				
	高	4020	4050		4020	4050			4020

●600形4次車4輌固定編成 651~656

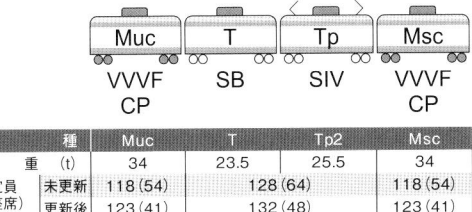

車種		Muc	T	Tp2	Msc
自重	(t)	34	23.5	25.5	34
定員 (座席)	未更新	118(54)	128(64)		118(54)
	更新後	123(41)	132(48)		123(41)
最大寸法 (mm)	長		18000		
	幅		2830		
	高	4020		4050	4020

▶登場時の車内。クロスシートの座席には寒色系のシート地が貼られている　　　　　　　　　　　　　　平6.4.23

▲登場時の正面顔。ワイパーカバーが現在のアイボリーと異なりイロンデルグレーとなっており、かなり印象が違う
金沢検車区　平6.3.5

▲乗務員室背後にあたる席の窓は戸袋窓となった
南太田　平6.3.18

折りたたみ式とスライド式があったツイングルシート

　収納座席は折りたたみシートとスライドシートの2種類があり、それぞれが動作して2人掛けが1人掛けに変化する。それとは別に、固定ボックスシートの背面には、一般的な2人掛け折りたたみシート（補助イス）が設けられている。当初は「快速特急」運用時には中央の側扉を締め切りとして、扉鴨居部分に取り付けたLED表示器で案内したが、半年あまりで締め切り扱いを取りやめている。

　車内の壁、床は寒色系に統一され、座席は青を基調とした模様入りで、枕カバーは一般席が銀灰色、優先席は赤となっている。FM・AMラジオ受信装置は、品川方先頭車屋上の受信装置から増幅して、各車FMは車内のロッドアンテナを、AMは吊り手支持パイプをアンテナとして出力している。

　台車は部品点数削減を目指し、円筒案内式から軸梁式に変更した。この時期JRをはじめ同様の短軸梁式ボルスタレス台車が多く採用されたが、京急の台車はボルスタを有する従来どおりの台車枠としている。

　なお付随車は、空気ブレーキ装置の基礎ブレーキを、ディスクブレーキからブレー

◆ 600形

▲通勤用の車両としては異例の車端ダンパ　平10.3.4

◀PT4323S-A-M
（1～3次車）
120km/h運転対応として、質量の少ない台形のカーボンスライダーに変更するなど軽量化が図られた

◀PT7117-A
（4次車）
シングルアームタイプとなり、より軽量化が図られて、以後京急の新造車輌は標準装備となった

ツイングルシート
「ツイングルシート」の収納動作

❶2人掛けの席が対面しているボックスシートの状態

❷写真手前は通路側の席の座面を跳ね上げて収納する

❸写真奥のドア寄りの2席は、窓側の席の座面を跳ね上げる

❹次に通路側の座席そのものをスライドさせる

❺こうして1人掛けの席が対面する2席となった

キシリンダとテコを一体化したユニットブレーキに代えた。また、車軸にオイルダンパを備えて振動の減衰が試みられ、取り外したり、取り付けたりして試行されたが、軸梁式台車は600形のみとなり、次期新型車の2100形からは再び円筒案内式台車に戻っている。

　屋上集中式の冷房装置は、昭和46（1971）年冷房車登場以来、動作電圧200Vによる41.9kWとして冷房制御方式は異なるものの冷房機は互換性を有していたが、600形では横型スクロール方式の圧縮機を採用と共に車体との接続方式を変更したので、互換性を失った。

105

2次車からは次々と変更
4次車で製造は終了

　集電装置は従来からの菱形パンタグラフを使用しているが、120km/hの高速運転対応として、従来の三角カーボンスライダーから質量の小さい台形カーボンスライダーに、また集電舟の支持を、なびきばねからリンク式に変更して、軽量化と追随性を向上したPT4323S-A-Mに変更となった。これは高速対応形として、2000形や1500形の120km/h運転対応車輌についても、非常ブレーキ増圧工事と共に、従来形パンタグラフのスライダーと集電舟支持の改造が行われた。

　翌年度の平成6(1994)年度は2次車として8輌編成3本が増備された。可動座席の機構が改良されたほか、可動座席部分の吊り手の増設、窓廻り、ワイパー取り付け位置および動作の変更などが行われた。続いて3次車は8輌固定編成2本が平成7(1995)年度に製造された。ワイパーカバーが従来どおりのイロンデルグレーで出場したが、視認性向上のため営業運転1カ月足らずでアイボリーに変更、1・2次車も同様に塗り替えられた。

　4次車は編成構成を変える大きな機器類の変更が行われ、8輌固定編成1本、4輌固定編成6本が平成7(1995)年度末から平成8(1996)年度にかけて登場した。オールクロスシートは維持されたが、600形の最大のセールスポイントであったツイングルシートが姿を消し、固定座席と補助イスとのシンプルな座席構成に変更され、車端ダンパは未装備となった。

　主制御器は1C4Mに変更され、主電動機の出力が180kWに増強となったため、MT比の見直しが行われ、8輌固定編成は6M2Tから4M4Tに、4輌固定編成は2M2Tに変更、加速度は粘着係数の関係で3.3km/h/sとなったが、中速域の定加速性能領域を広げて補っている。

▲TH600M　1次車の台車　　　　　平6.4.8

▲TH600T　1次車の台車　　　　　平6.4.8

▲TH600M　2次車以降の台車　　　平8.5.26

▲TH600T　2次車以降の台車　　　平8.5.26

◆600形◆

　補助電源装置のSIVは、従来の主回路素子をGTOからIGBTに変更、低騒音と小型が図られた。なお4輌固定編成では、8輌固定編成の150kVAに対して75kVA×2の2バンクとして、故障などに対して柔軟性を持たせている。

　集電装置は従来の菱形パンタグラフからシングルアーム形PT7117-Aに変更となり、品川寄りの中間付随車TP車に2基取り付けられた。TP車は床下にSIVなどを備え、外見上は電動車と見間違えるほどの重装備である一方、浦賀寄りのT車は装備機器が少なく車輌質量が軽いため、整流装置箱を弾性支持として車体振動を抑制する、ダンパの働きを持たせている。以後、1000形のアルミ車まで京急の新造車は付随車輌に集電装置が装備されている。

　4次車でようやく600形としての編成構成が確立されたかと思ったが、これが最終増備となり、8輌編成8本、4輌編成6本の88輌で打ち止めとなった。

　そもそも1500形の増備としていた計画が変更となり生まれた600形で、所定輌数に達したともいえる。

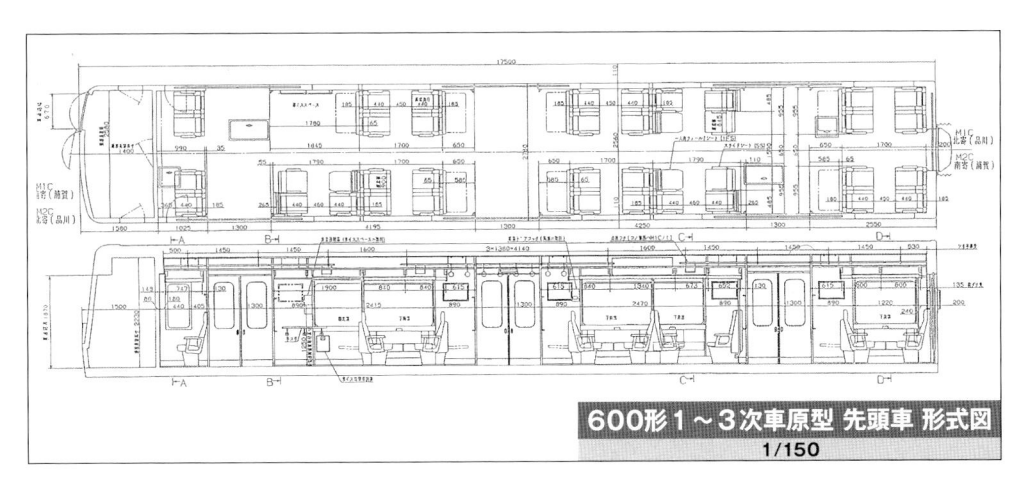

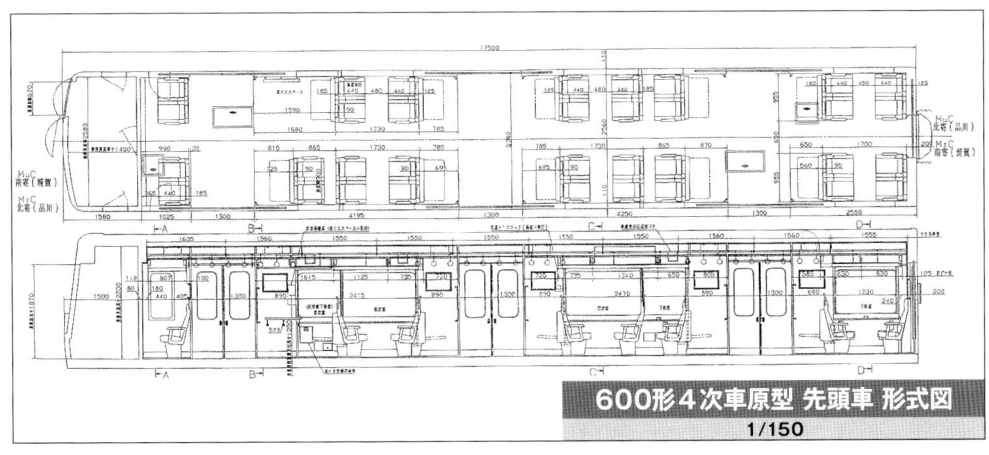

600形1～3次車原型 先頭車 形式図
1/150

600形4次車原型 先頭車 形式図
1/150

▲品川駅に到着した羽田空港国際線ターミナル駅開業を祝う祝賀列車　　　　　　　　　　　　　　　　　　　　　　　　平22.10.21

▲大鳥居－穴守稲荷間を行く羽田空港（現・羽田空港国内線ターミナル）駅開業を祝う祝賀列車。600形が抜擢された　　　　　　　　　　　　　　　　　　　　　　　　平10.11.18

▲羽田空港（現・羽田空港国内線ターミナル）駅開業により「エアポート快特」の運転が始まり、京成線内では京成の特急運用に組み込まれ、京急車による京成上野行きも見られた
京成町屋　平11.1.9

600形

▲更新車はワイパーカバーに600のスリットが入れられ、スカートが左右狭幅としたものに変更された
久里浜工場信号所　平25.3.10

▲座席地が暖色系に張り替えられたことにより、温かみが増した車内
平21.8.16

▶クロスシートからロングシートに改造された車内。606編成は扉上の鴨居の部分にLED2画面表示の車内情報装置が取り付けられている
平23.9.4

羽田空港駅の開業により「エアポート快特」として使用

引き続き2000形の後継となる、グレードアップした新たな快速特急車2100形2扉オールクロスシート車の製造が始められた。600形が製造開始された平成6(1994)年から2100形の製造が終了する平成12(2000)年までの7年間、ロングシート車の初代1000形や二代目700形の廃車を進める一方で、オールクロスシート車のみ168輛を作り続けた。

在来の2000形72輛を合わせると240輛となるが、2100形の製造が開始された時点から2000形の3扉ロングシート改造が開始されているので、クロスシート車は160輛前後で推移したことになる。

それにしても、この時期、在籍車輛に占めるクロスシート車の割合は大幅に増加している。

平成14(2002)年から再開した都営浅草線直通車輛は、600形の再増備とはならず、連結妻車端部のみをボックスシートとした車輛で、初代1000形が在籍していたため、新1000形と呼ばれる3扉ロングシート車となった。

地下鉄線内を走るオールクロスシート車として話題となった600形だが、運用面での乗り入れ各者間の温度差や、混雑時の乗客には100パーセント支持されたとはいいがたかった。加えて可動座席のセッティングが旅客の目に触れない出庫時に行われることもあり、注目を集めることもなく、JRの「E電」と共に「ツインクルシート」も早々と死語となってしまった。

また、平成10(1998)年11月からは、羽田空港駅(二代目、現・羽田空港国内線ターミナル駅)開業によって運転を始めた、羽田－成田両空港を結ぶ「エアポート快特」をはじめとする、空港線乗り入れ運用が開始された。列車モニタ設備の装備により、京急車受け持ちの「エアポート快特」は600形の限定となり、運用の都合で京成上野駅に姿を見せることもあった。

その反面、急曲線区間でのきしり音などにより車端ダンパが取り外され、また、スカートの色を暗いフェルダーグレイから、床下機器類と同じ明るいシルバーグレイへの変更とするなど、小規模の変更が行われている。

一方、座席は表地と白色の枕カバーの汚れなど経年劣化も現れ始めたため、ロングシート化も含めた座席の更新が検討され始めた。

しかし、車齢も若く1500形の更新工事が継続中であり、ロングシート化にはツイングルシート動作のための床上に立ち上がった配管の処理もあって先送りとされ、とりあえず座席表地と枕カバーの張り替えが平成14(2002)年度から実施された。

座席表地は、2000形のロングシート改造車から採用し、その後1500形更新車をはじめ新1000形に採用された暖色系シートに変更された。

枕カバーはシルバーへの変更と同時に可動座席のクッション、また1次車では吊り手支持を2次車以降と同様の引き回しに変更して吊り手が増設された。

次年度施工編成から枕カバーの色が濃紺に変更されている。

なお、平成15(2003)年施工の605-1号には、屋上に架線観測装置取り付け座が新設された。

600形

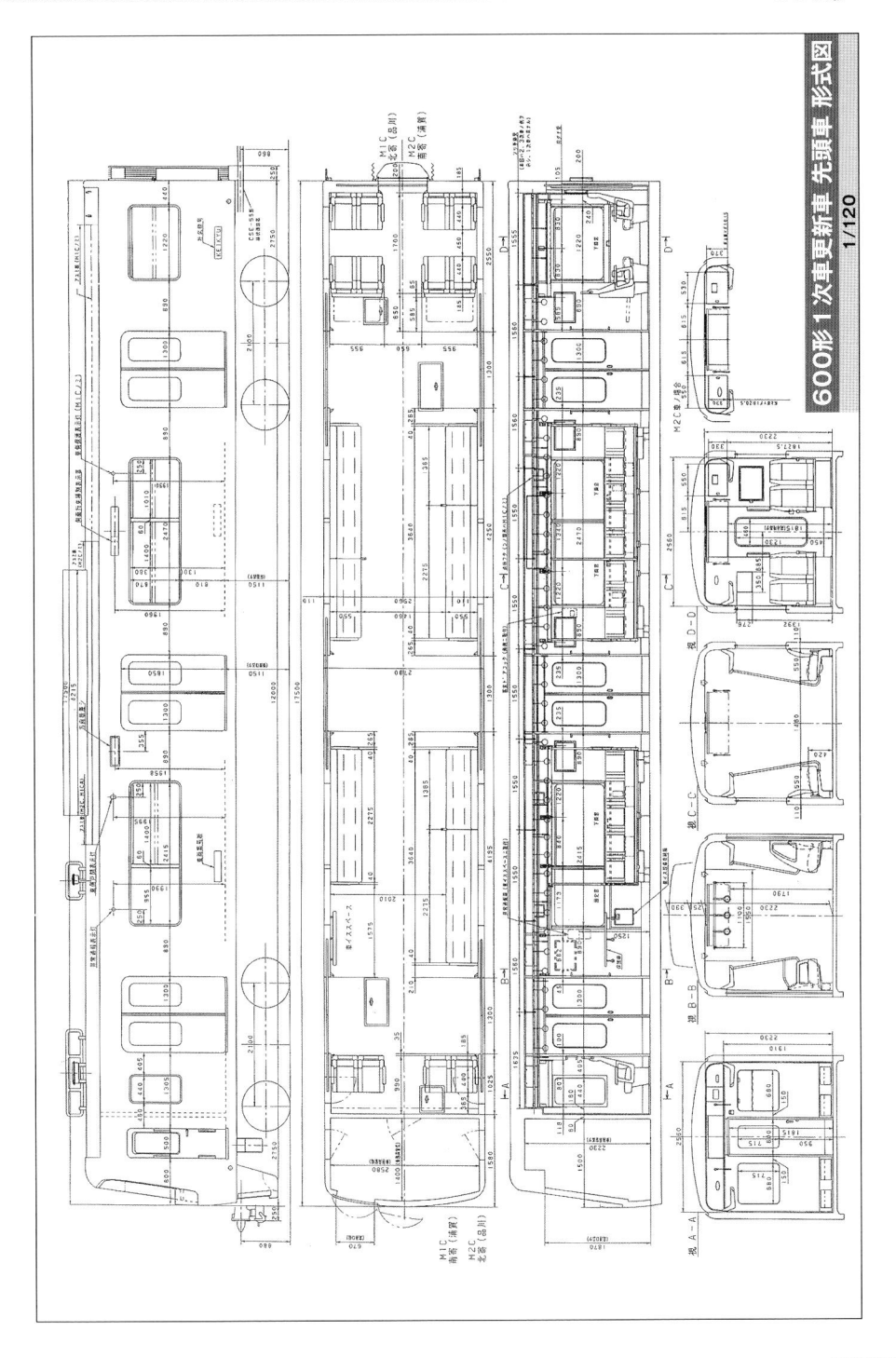

600形1次車更新車 先頭車形式図 1/120

自慢の「ツイングルシート」も徐々に消滅、ロングシート化へ

　平成17（2005）年からは、運転室背後の前方展望シートと車端部のボックスシートを残しながら、新1000形アルミ車に準ずるロングシート化が8輌固定編成から始められ、セールスポイントであったツイングルシートは徐々に姿を消すことになった。工事は大掛かりなもので、化粧板の張り替えも行われ、車内は更新工事に近いものとなっている。最初に施工された606編成は外板塗装を青に変更、「KEIKYU BLUE SKY TRAIN」となった。また連結妻に転落事故防止のための外幌が取り付けられ、平成20（2008）年度施工の605編成には、側扉鴨居に車内情報装置が取り付けられた。

　平成21（2009）年度からは機器類を含めた本格的な更新工事が施工されることになり、ワイパーカバーに他形式と同様に、形式表記のスリットが加えられた。スカートも左右幅を狭めた2100形とほぼ同形のものに交換となった。また、品川方先頭車の屋上に設置されていたAM・FMラジオアンテナが撤去された。

　601編成に続き、8輌固定編成のうち座席未改造でオールクロスシート編成として残っていた602編成が、平成21（2009）年8月に入場となり、ツイングルシートは姿を消した。601編成では取り付けが見送られた車内情報装置が、602編成以降の更新施工編成には取り付けられることになった（601編成は平成24年11月取り付け）。

　平成23（2011）年度から4輌固定編成の更新も始まり、608編成は、主制御装置が三菱電機と東洋電機の混成であったため、車輌更新時に651編成の三菱製と相互に交換して608編成は三菱製に統一、651編成は東洋製となった。平成25（2013）年度施工車から室内灯はLED照明となり、年度末には600形88輌がすべて終了、全車3扉ロングシート車に生まれ変わり、1000形10次車以降の車輌と共に「アクセス特急」限定運用をはじめ、都営浅草線直通車としての活躍が続くものと思われる。

◀扉間はロングシートとなったが、運転室背後の前方展望座席は残された。またロングシート端のつかみ棒は横方向に増設が行われた　平23.9.4

600形

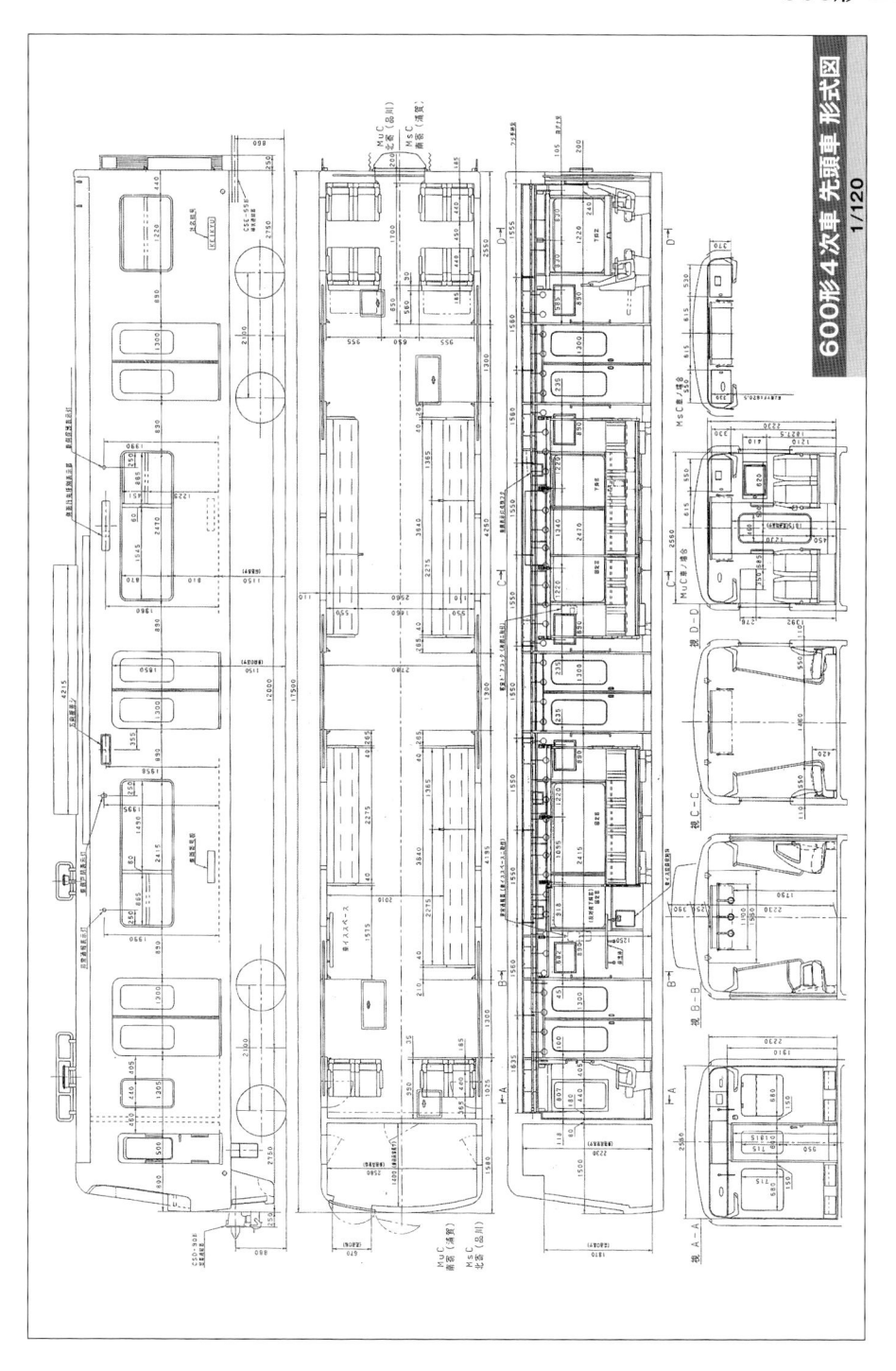

600形4次車 先頭車 形式図
1/120

車輛探見 ④

初代1000形を引き継ぎ
多様な変化を見せる3扉車は
「快特」・「エアポート急行」・大師線まで活躍の場は広い

▶鋼製車の製造当初の姿。戸袋に窓があるのが特徴
金沢検車区
昭61.1

◆1500形◆

1500形

◀ 快特・特急運用の8輌固定編成は1700番台のみとなった
　三浦海岸－三崎口　平23.3.2

▶ 鋼製チョッパ車の車輌カタログ

▶ アルミチョッパ車の車輌カタログ

◀ アルミインバータ車の車輌カタログ

115

京成線乗り入れに伴い 3扉ロングシート車を製造

1500形は、都営地下鉄浅草線直通車輌の初代1000形に続く後継車として、昭和60(1985)年から平成5(1993)年にかけて166輌が製造された。

都営浅草線直通車輌の初代1000形の製造は総数356輌を数え、昭和53(1978)年10月に終了して以降、自社線内の普通列車用の800形、快速特急用として2000形が製造されてきた。

しかし、初期製造の初代1000形は、更新工事や冷房改造なども行われたが、車齢も高くなり、代替車輌の新造時期を迎えていた。

また、都営浅草線直通運転も、すでに従来の押上止まりから京成線に乗り入れ、青砥、京成高砂へ延長されており、さらに北総開発鉄道(現・北総鉄道)の京成高砂への延伸工事も行われている状況であった。

これにより都営浅草線相互直通運転がより拡大され、今後乗り入れ列車の全列車8輌編成運転も視野に入れ、直通車輌の増備の必要性があり、3扉ロングシートの1500形が製造された。

●1500形 製造一覧

製造区分	輌数	編成・車号	入籍
1次車	12	1501-1502-1503-1504	昭60. 3.29
		1505-1506-1507-1508	昭60. 3.29
		1509-1510-1511-1512	昭60. 3.25
2次車	8	1513-1514-1515-1516	昭61. 7.26
		1517-1518-1519-1520	昭61. 7.26
3次車	16	1521-1522-1523-1524	昭63. 1.23
		1601-1602-1603-1604-1605-1606	昭63. 1.11
		1607-1608-1609-1610-1611-1612	昭63. 1.20
4次車	16	1525-1526-1527-1528	昭63. 6.27
		1529-1530-1531-1532	昭63. 6.27
		1613-1614-1621-1622-1615-1616-1617-1618	昭63. 7. 5
5次車	20	1533-1534-1535-1536	平 1. 3.22
		-1901-1902	平 1. 3.14
		1619-1620-1903-1904-1623-1624	平 1. 3.17
		1625-1626-1905-1906-1627-1628-1629-1630	平 1. 3.29
6次車	20	1907-1908	平 1. 7.10
		1909-1910	平 1. 7. 7
		1631-1632-1911-1912-1633-1634-1635-1636	平 1. 6.27
		1637-1638-1913-1914-1639-1640-1641-1642	平 1. 7. 3
7次車	12	1537-1538-1539-1540	平 2. 3. 5
		1541-1542-1543-1544	平 2. 2.19
		1545-1546-1547-1548	平 2. 2.23
8次車	8	1701-1702-1919-1920-1703-1704-1705-1706	平 2. 8.24
9次車	20	1549-1550-1551-1552	平 3. 2.21
		1643-1644-1915-1916-1645-1646-1647-1648	平 3. 2. 4
		1649-1650-1917-1918-1651-1652-1653-1654	平 3. 2.12
10次車	16	1707-1708-1921-1922-1709-1710-1711-1712	平 4. 2. 3
		1713-1714-1923-1924-1715-1716-1717-1718	平 4. 2.28
11次車	18	1719-1720-1721-1722-1723-1724	平 5. 2.19
		1725-1726-1727-1728-1729-1730	平 5. 2. 8
		1731-1732-1733-1734-1735-1736	平 5. 1.28
合計	166		

1500形編成図

●1500形鋼製チョッパ車 1501～1520

M1c	M2	M1	M2c
CS(F)	SIV CP SB	CS(F)	SIV CP SB

車種		M1c	M2	M1	M2c
自重	(t)	35			
定員	(座席)	125(45)	134(52)		125(45)
最大寸法 (mm)	長	18000			
	幅	2798			
	高	4050	4030	4050	4030

●1500形アルミ製チョッパ車 1521～

M1c	M2	M1	M2c
CS(F)	SIV CP SB	CS(F)	SIV CP SB

車種		M1c	M2	M1	M2c
自重	(t)	31.5	31		31.5
定員	(座席)	124(45)	133(52)		124(45)
最大寸法 (mm)	長	18000			
	幅	2830			
	高	4050	4040	4050	4040

●1500形アルミ製チョッパ車 1541編成

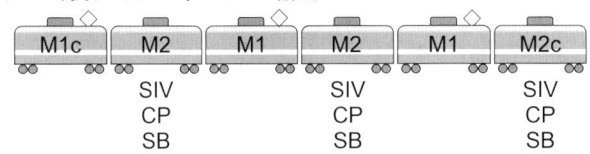

M1c	M2	M1	M2	M1	M2c
	SIV CP SB		SIV CP SB		SIV CP SB

車種		M1c	M2	M1	M2	M1	M2c
自重	(t)	31.5	31				31.5
定員	(座席)	124(45)	133(52)				124(45)
最大寸法 (mm)	長	18000					
	幅	2830					
	高	4050	4040	4050	4040	4050	4040

●1500形アルミ製インバータ車 1701～

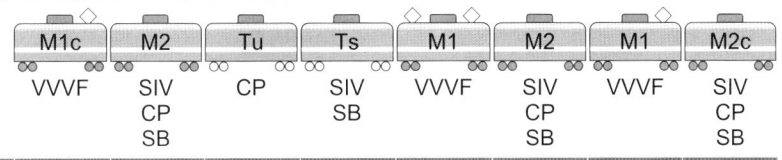

M1c	M2	Tu	Ts	M1	M2	M1	M2c
VVVF	SIV CP SB	CP	SIV SB	VVVF	SIV CP SB	VVVF	SIV CP SB

車種		M1c	M2	Tu	Ts	M1'	M2'	M1	M2c
自重	(t)	32	31	24.5	25.5		31		32
定員	(座席)	124(45)			133(52)				124(45)
最大寸法 (mm)	長	18000							
	幅	2830							
	高	4050		4040		4050	4040	4050	4040

●1500形アルミ製インバータ改造車 1529～

M1c	M2	Tu	Ts	M1	M2c
VVVF	SIV CP SB	CP	SIV SB	VVVF	SIV CP SB

車種		M1c	M2	Tu	Ts	M1	M2c
自重	(t)	31.5	31	24.5	25.5	31	31.5
定員	(座席)	124(45)			133(52)		124(45)
最大寸法 (mm)	長	18000					
	幅	2830					
	高	4050	4040		4050		4050

▲左がアルミ車、右が鋼製車で戸袋窓の有無が大きな違いだった　　　　　　　　　　　　　　　　　　金沢検車区　昭63.1

▲鋼製車の更新車の運転台　　　　　　　　　　平25.12.1

◀鋼製車の車内。座席は片持式に変更されなかった　平26.1.1

1500形

▲鋼製車の更新車。戸袋窓が埋められ一見アルミ車と見分けがつきにくくなった　　　　新町検車区　平21.6.16

▲アルミチョッパ更新車の車内。座席は運転妻車端部を除き片持式に変更された　　平22.3.23

▲アルミチョッパ更新車の運転台。マスコンは1500形から両手で操作するタイプとなった　　平22.3.23

鋼製からアルミ合金製へ車体の素材を変更

1500形は800形や2000形と同様、分巻界磁チョッパ制御と全電気指令式電磁直通ブレーキ(MBS-R)を備えているが、主制御装置を1C8Mの2輌1ユニットとして編成構成の変更にも対応できるよう、自由度

▲TH1500M　　　　　　　　　平24.3.18

▲TH1500T　　　　　　　　　平26.1.26

▲TH1500M　T車に転用したM台車　平26.1.14

▲TH1500T　レール塗油装置取り付け　平16.6.18

の増した設計となっている。

製造途中で車体を鋼製からアルミ合金に、制御装置をインバータ制御に変更、また、アルミ車体の軽量化により、中間付随車サハ1900形を組み込み6M2Tとし、従来の都営浅草線直通車輌規格である全電動車編成にあっては、初の付随車組み込み編成となった。

都営浅草線直通運転用車輌として、正面運転妻の中央にはプラグドアの非常貫通路が設けられた。また、連結器も2000形では自社線内用車輌ということで、自動連結解放密着連結器を使用したが、直通規格車ながら、アダプタの非常連結器を備えて同様の連結器とした。

ただし電気接点のつなぎが異なるため、連結運転は不可であった。

回生ブレーキは集電装置が離線すると回生失効の恐れがあり、またSIVは瞬時停電に弱いため、800形や2000形では1ユニットに集電装置は2組装備としてきた。しかし、1500形ではMMユニットとしたため、長編成による集電装置の取り付け数の増加を抑えるべく、ユニット間で高圧引き通しを行い、取り付け数が減じられた。

マスコン(主幹制御器)は、運転妻中央に貫通扉を設ける必然性から、マスコン本体のドラムをハンドルの右方向に置くことができないこともあり、800形や2000形の右手操作タイプから、直通規格の両手操作タイプに変更となり、以後標準となった。

補助電源装置は2000形と同様にGTO-SIV、コンプレッサは、レシプロ方式は変わらないものの、交流誘導電動機駆動に変更となった。

1次車、2次車の4輌編成5本が鋼製車で、新造時は戸袋窓があるのが特徴であっ

1500形

たが、更新時に埋められてしまった。主電動機は100kWの複巻電動機で、歯車比は5.74と、800形と2000形の中間をとり、全電動車編成で加速度3.5km/h/s、減速度4.0（非常4.5）km/h/sで直通車輌の規格を保持している。

3次車からアルミ合金（Al.Mg.Si系）製車体に変更となり、平成18（2006）年度増備の1000形6次車でステンレス鋼製車体に変更されるまで、ステンレス鋼車輌が主力を占める首都圏において、京急の車輌はオーダーメード感のある赤を基調とした塗装車体で個性を主張していた。アルミ合金車では、4輌固定編成に加えて将来は6M2T編成とするべく、先行して6M固定編成が1600番台として製造された。

車体は鋼製車のイメージを踏襲しつつも、アルミ押出形材などを使用したことによる構造上の違いもあって、若干角ばった印象となっている。また戸袋窓は、軽量化のため設けられていない。さらに4次車からは、従来の滑り止めの突起がある絶縁材質の貼り屋根から、塗り屋根構造に変更された。

アルミ合金車では鋼製車に比べ、4tもの軽量化が図られたため、5次車から主電動機の出力はそのままに、中間に付随車を組み込んで6M2Tの8輌編成とするサハ1900形の製造が始められ、当初6Mで製造された編成にも組み込まれた。

当然のことだが、付随車組み込みにより3.3km/h/sと、若干の加速性能が落ちることになった。

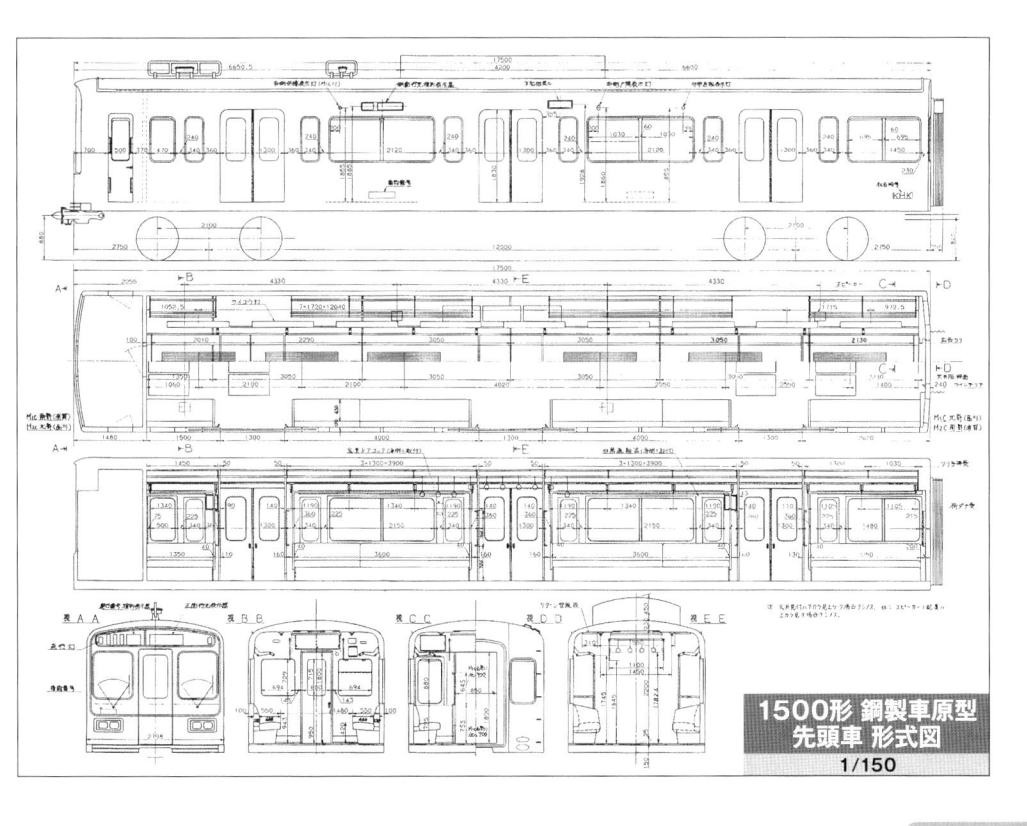

1500形 鋼製車原型 先頭車 形式図
1/150

チョッパ制御から VVVFインバータ制御へ

平成元(1989)年、京急初となる三相誘導交流電動機を、可変電圧(Variable Voltage)、可変周波数(Variable Frequency)インバータで制御する、いわゆるVVVFインバータ制御の導入が図られた。一気に量産とは行かず、東洋・三菱の両機器を用いた1編成を製造、同年度は従来からの界磁チョッパ車も増備されている。

▲新造時からインバータ制御の1700番台　　　　　　平24.5.1

▲電動車から改造された付随車
　　逸見　平21.9.3

▶インバータ改造によって集電装置が増設された(浦賀方)中間電動車
　　新大津　平24.2.17

1500形

▶電動車から付随車に改造された車内。電動車の名残で床下点検蓋が残っている　平25.10.21

◀インバータ改造車。集電装置増設部の連結妻、配線が外付けとなっている　平25.11.19

　京急初のインバータ車は、1500形アルミ合金車をベースに、1500形8次車として1700番台の8輌編成（6M2T）で製造された。

　主電動機出力は120kW、歯車比は5.93として加速度3.5km/h/sを取り戻した。ブレーキ装置はインバータ車の特性を生かしたMBS-Aに変更、将来の運転速度向上に向けて、非常ブレーキ増圧機能を備えている。また非常通報装置は乗務員と乗客との双方向通話式となり、非常はしごを乗務員室に設置。運転妻下部にはスカートが付いた。

　1700番台のインバータ車は次年度の平成3（1991）年度から本格的増備が始まったが、1600番台のチョッパ車の加速性能を上げるため、組み込まれた付随車を抜き取ってインバータ車に転用することになり、平成4（1992）年度増備車ではインバータ車の電動車のみが製造された。ところが、平成6（1994）年から新形600形の製造が始まり、1500形インバータ車は6編成で終了となった。

　平成元（1988）年7月からは、1500形による浅草線直通運転が開始。長期間増備され続けた初代1000形は、輸送需要の変化に汎用性を生かして編成替えなどに柔軟に対応

してきたが、後継となる1500形もチョッパ車以降の各形式が製造当初の固定編成を維持する中で、多様な変化を遂げた。

　製造過程でも1600番台は当初6M編成で製造されたが、途中で付随車の組み込みが始まり、サハ1900形の車号は組み込み編成順となり、編成の車号順とならず乱れがみられた。さらに120km/h運転開始に備えた、チョッパ車6M2T編成の性能向上のため、1700番台のインバータ車では途中から電動車のみを新造して、付随車はチョッパ制御車編成からの抜き取りが行われたので、さらに複雑となった。

　結果的には1600番台はあるべき姿の6M2T編成から、4M編成1本、6M編成1本、8M編成が1本生まれた。1700形の増備は平成4（1992）年度で終了、その後、新形式の600形の増備が始まったので、チョッパ車の8M化の計画は取りやめとなった。

　平成14（2002）年から鋼製車の更新工事が始まり、その後、アルミ車、インバータ車まで全車にわたり、平成20（2008）年度までに施工された。転落防止幌の取り付けにより連結妻の窓が埋められ、鋼製車では

戸袋窓も埋められたので、一見アルミ合金車と見分けのつきにくい外観となった。

また、スカートが取り付けられたが、インバータ車の新造時に取り付けられたものと異なり、分割取り外しが容易になっており、連結器部分の切欠きの角が直線的となっているのが特徴である。

室内は、座席が2000形更新車や初代1000形と同様の暖色系の格子模様のバケットタイプとなり、アルミ車では乗務員室直後を除き、片持ち式に変更（鋼製車は従来どおり）、袖仕切りの大型化、先頭車には車イススペースが設けられた。ドアの鴨居には、開閉を知らせるチャイムを備えたLED案内表示器が設けられた。

新1000形の増備により、都営浅草線直通運用が徐々に勢力を拡大して、初代1000形の廃車によって不足する6輌固定編成を補うため、1500形は6輌編成への編成替えが進み、気が付けば1500形の8輌固定編成は1700番台のみとなっていた。

さらに、性能向上のためチョッパ車のインバータ車化改造工事が始まり、6M編成から4M2T編成に変更となった。元車は東洋車と川重車があったが、制御装置や主電動機は元車のメーカーの1000形ステンレス製車輌とほぼ同等の機器に交換されため、東洋車、川重車の違いは引き継がれた。

また、車種間の需要調整から、電動車の付随車化が行われた。デハからサハに改造されたのは1600番台の中間電動車のM2車とM1車で、集電装置は撤去されたが、室内の床下点検蓋は残されており、M車であった面影を残している。

なお台車は、電動貨車への転用が行われた3編成分6輌は新たに付随台車TH1500Tを同数新製。平成23（2011）年度以降の改造では、電動台車を付随車台車に改造しているため、本来のTH1500T台車はデスクブレーキを装備しているが、改造台車は電動車の踏面ブレーキのままとしている。

中間M車で残ったM2車とM1'車で、一方の1500番台4輌固定編成からの改造車は、中間に付随車2輌を組み込んで6輌とし、中間M1車は1位側に集電装置を増設した。増設部の電線配線は1000形ステンレス車のように連結妻外板に這わせるよう施工されている。なお、インバータ化に際しては、主電動機は155kWの三相交流誘導電動機交換されたが、歯車比やブレーキ方式の変更はなく元車のままである。

平成24（2012）年9月に土砂崩壊に乗り上げ脱線損傷した1701編成8輌は、事故後休車となっていたが、平成25（2013）年9月6日付で廃車となった。

平成25（2013）年度から1600番台の車号を増備の続く1000形に譲るため、1500番台の1561号以降への改番が始められている。改番は一斉ではなく、定期入場などの際に車号が貼り替えられることになっており、改番日は入場日となっている。

1600番台の車輌は、アルミ界磁チョッパ6輌固定編成で製造が開始され、途中からサハ1900形を組み込んで8輌固定編成となった。電動車のみが1601号から1654号の54輌が存在したが、インバータ車改造の過程で電動車からの付随車改造が発生して36輌に減じたので、1500番台（1561～1596）に収まった。

現在8輌固定編成の1700番台が、都営浅草線直通車の本務である「SH快特」をはじめ「快特」、「特急」などで活躍しているが、6輌固定編成は「エアポート急行」や「普通」運用が主となり、鋼製車とアルミ車の4輌

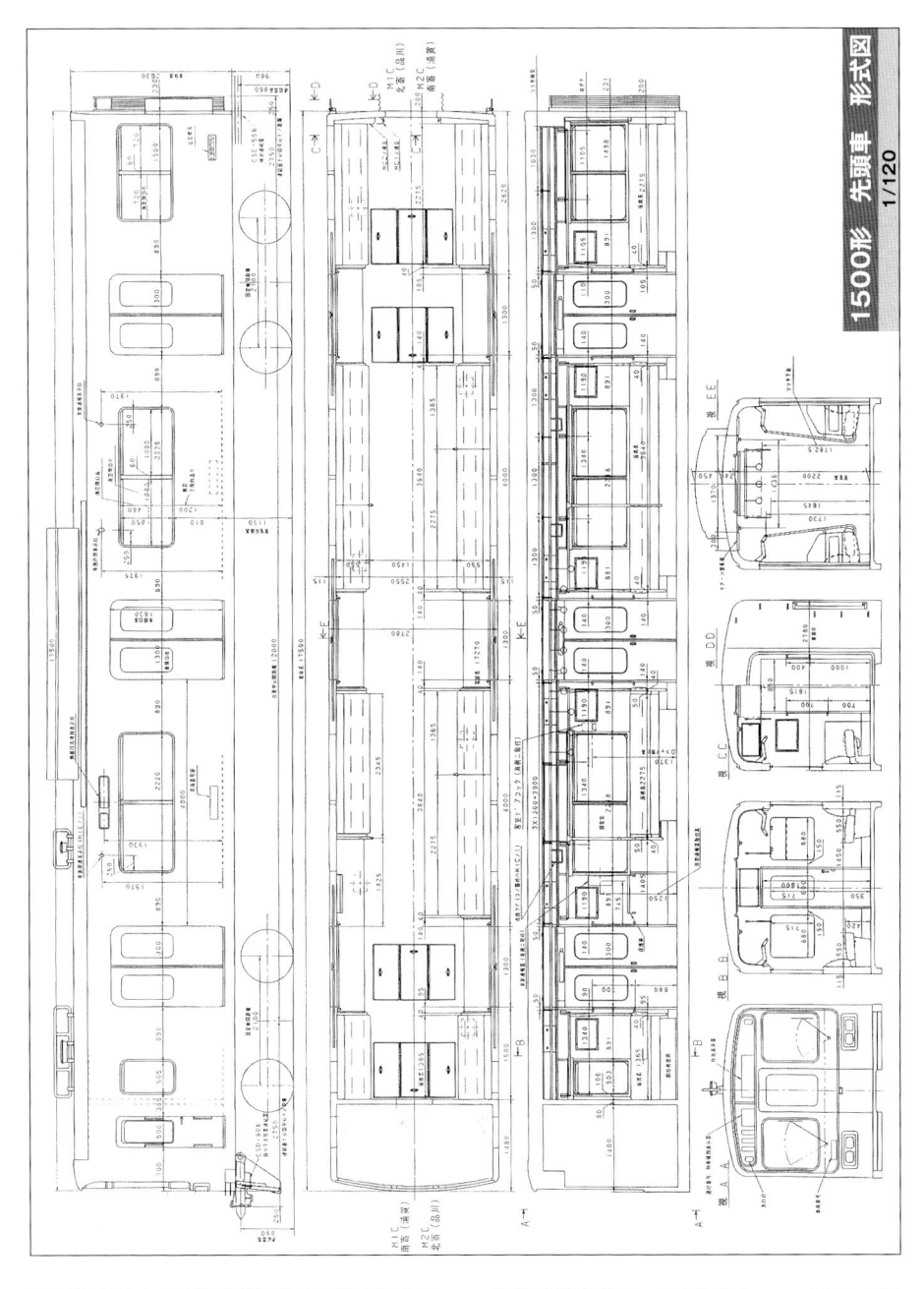

◆1500形◆

1500形 先頭車 形式図 1/120

固定編成は本線「普通」運用でも時折見かけるが、大師線が働き場となっている。

チョッパ世代の車輌は800形や2000形が廃車時期を迎え、1500形チョッパ車も大半の車がインバータ制御車改造となり、急速にその数を減らしている。

車輌探見 ⑤

当初は快速特急専用車として
初代「京急ウィング号」として使用
２扉から３扉へ改造後も活躍

▶ ２扉クロスシート車として登場した流麗な姿
三崎口－三浦海岸
昭57.12

2000形

◀ 製造当時のリバイバル塗装となった2011編成（右）と通常塗装の2031編成。2100形は前照灯と尾灯が一体となり、京急では初の腰ライトとなった。左右非対称の正面大型ガラスを採用、くの字形の先頭部はスピード感のあるスタイルとなった
久里浜工場信号所　平25.3.1

▲ 完成予想図に描かれた室内。窓側はライラック、通路側はエンジのシートが並ぶクロスシートだった

▼ 1983年第26回「ブルーリボン賞」を受賞した際の記念ヘッドマーク。現在では京急では唯一の受賞となっている　平24.5.27

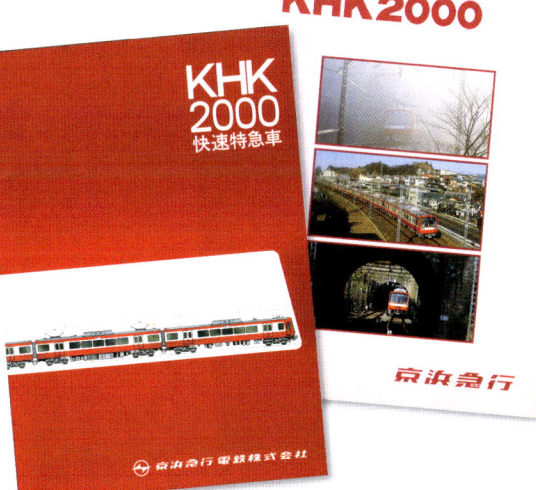

▲ 製造時の車輌パンフレット。「快速特急車」と明示されている

快速特急専用車として
2扉クロスシート車で登場

　2000形は、先に製造された4扉ロングシートの800形による、1台の制御装置で12個の主電動機を制御する3輌1ユニットの分巻界磁チョッパ、回生ブレーキ併用全電気指令式電磁直通ブレーキ（MBS-R）などのシステムを用いた2扉集団見合い形の固定オールクロスシート車として誕生した。先代の2扉セミクロスシート車である二代目600形の代替として、昭和57（1982）年から昭和62（1987）年にかけて8輌固定編成6本、4輌固定編成6本の72輌が製造された。

　先代の二代目600形は初代の700形として、昭和31（1956）年に、京急初のカルダン駆動、発電ブレーキを併用した電磁直通ブレーキ（HSC-D）を採用した高性能車の第一世代の嚆矢となった車輌で、当時のハイキング特急や週末特急など行楽輸送全盛の時代に花形列車として活躍した。

　二代目600形に形式変更後の、昭和46（1971）年には、2扉セミクロスシートのまま冷房改造が行われてリニューアルされたが、その後に登場した車輌に比べ性能が劣り、車齢も高くなり車内設備の陳腐化が顕著となったことから、代替案が検討された。

　当時すでに余暇の多様化により、春秋のハイキングに続き、夏の海水浴も最盛期を過ぎ、さらには、その移動手段が車に移行した時代を迎えており、京急沿線でも横浜横須賀道路などの開通により、その傾向が現れ始めていた。

　これらの社会情勢を背景に、コンセプトを従来の行楽輸送から、都市間輸送に上質なサービスを提供することに転換、高速性と快適性を兼ね備えた新しいクロスシート車として、2000形は京急のフラッグシップとなることを位置づけられた車輌であった。

▲品川駅構内で催された「ブルーリボン賞」の授賞式。司会は大の京急ファンとして知られたTBSアナウンサーの"ロンちゃん"こと吉村光夫氏
　　　　　　　　　　　　　　　　　昭58.8.28　杉山裕治

2000形

2000形固有のパーツたち
改造後もそこここに残るクロスシート車時代の面影

◀天井のラインデリア吹出口はブロンズメッキとなっている
平25.11.25

▲ロングシート化されたが、カバー付の照明や荷棚の造作や横引きの布カーテンなどにかつての面影を感じる　　平25.3.10

◀運転台後方のロングシート部分は改造前からロングシートであった
平23.12.17

記念塗装の2000形

▲会社創立90周年記念イベントの塗装が施された2000形。こちらは「ファンタジックみらい号」。デザインは絵本作家の久里洋二によるもの　黄金町　昭63.5.12　福井紘一

▲こちらは「さわやかギャラリー号」。車内の広告スペースには小学生の描いた絵が展示されていた
南太田　昭63.6.19　福井紘一

●2000形 製造一覧

製造区分	輌数	編成・車号	入籍
1次車	8	2011-2012-2013-2014-2015-2016-2017-2018	昭57.12.18
2次車	16	2021-2022-2023-2024-2025-2026-2027-2028	昭59. 5. 7
		2031-2032-2033-2034-2035-2036-2037-2038	昭59. 5.14
3次車	16	2041-2042-2043-2044-2045-2046-2047-2048	昭60. 2.25
		2411-2412-2413-2414	昭60. 3.18
		2421-2422-2423-2424	昭60. 3.18
4次車	24	2051-2052-2053-2054-2055-2056-2057-2058	昭61. 2.26
		2061-2062-2063-2064-2065-2066-2067-2068	昭61. 2.18
		2431-2432-2433-2434	昭61. 3.10
		2441-2442-2443-2444	昭61. 3.10
5次車	8	2451-2452-2453-2454	昭62. 6.29
		2461-2462-2463-2464	昭62. 6.29
合計	72		

　2000形は、3輌ユニット2組の間に付随車2輌を挟んだ8輌固定編成と、増結用の4輌固定編成は先頭車を電動車とする京急のセオリーに従って、3輌ユニットの間を割って付随車を1輌組み込んだ編成構成である。主電動機は800形の100kWから120kWに増強、歯車比は4.21と高速運転対応、加速性能を京急標準の3.5km/h/sから3.0km/h/sに若干落としたものの、均衡速度は130km/h以上と、高速運転での伸びを狙った設計となっている。

　このため、製造当初から後継車の2100形への快特運用のバトンタッチが始まるまで、通常の運用で普通列車などに充当することはなく、「快速特急」専用車(朝の通勤時間帯は「通勤快特」や「特急」の運用もあり)であった。

　2000形で新たに採用されたものには、機器類では、補助電源装置に従来の回転機器の電動発電機から、静止形定電圧定周波数のGTOサイリスタインバータ(SIV)への変更がある。また、先頭車の連結器に、自動連結解放装置付きの廻り子式密着連結器を導入、下部には108芯の電気連結器が設けられ、日常的に行われる列車の併合・分割作業に伴う要員と時間の削減、安全性の向上が図られた(非常時に従来のNCB-Ⅱ形自動密着連結器と連結できるように床下にアダプタ連結器を装備している)。

▲2411編成はなぜか車号標記の位置が異なっていた
　　　　　　　　　金沢検車区　平24. 2.27

◆2000形◆

2000形編成図

●2000形8輌固定編成　2011～

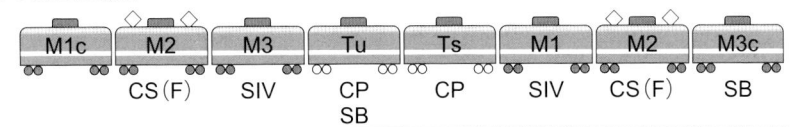

車　　種		M1c	M2	M3	Tu	Ts	M1	M2	M3c
自　重	(t)		35		29			35	
定員	(座席)	128(42)			132(48)				128(42)
最大寸法 (mm)	長	18500			18000				18500
	幅				2799				
	高	4030	4050		4030			4050	4030

●2000形4輌固定　2411～

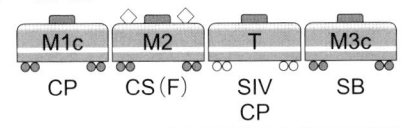

M1c — CP
M2 — CS(F)
T — SIV / CP
M3c — SB

車　　種		M1c	M2	T	M3c
自　重	(t)	35		31	35
定員	(座席)	128(42)	132(48)		128(42)
最大寸法 (mm)	長	18500	18000		18500
	幅		2799		
	高	4030	4050		4030

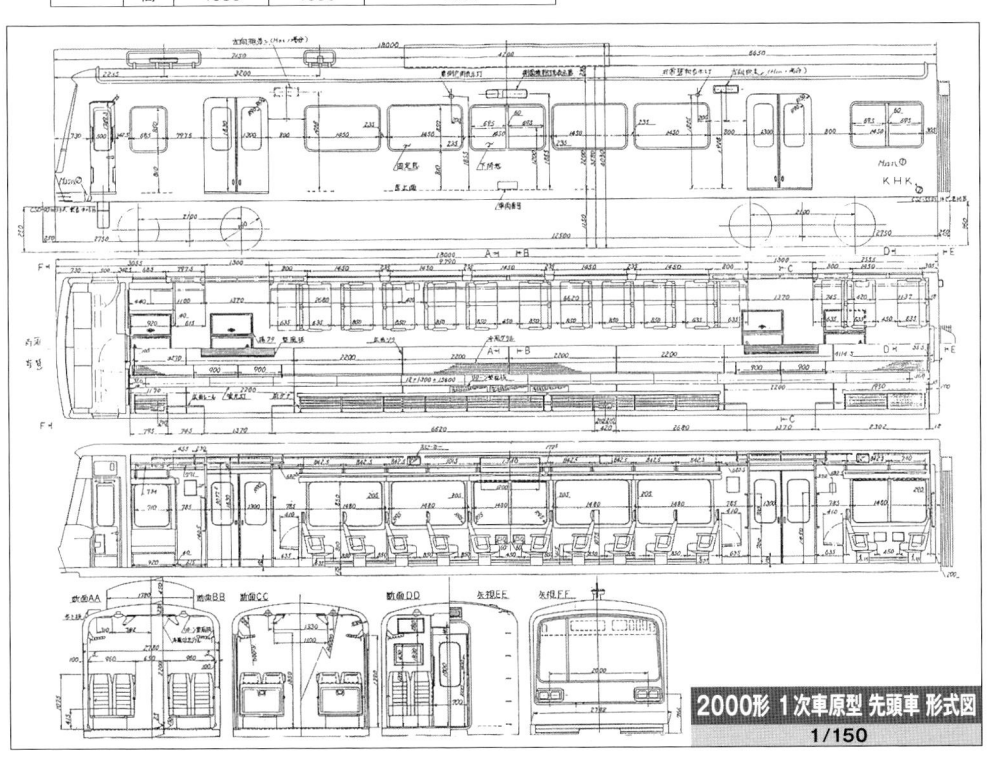

2000形 1次車原型 先頭車 形式図
1/150

▲中央部にドアを設けた3扉車のサイドビュー。両側に戸袋部を設けたので窓が小さくなったが、シンメトリーを保っている
平24.7.12

▶連結妻車端部は2扉車時代のまま残されたボックスシート。手前の乗降ドア寄りには2人掛けの補助イス（ジャンプシート）が収納されている
平25.11.25

▲くの字形の流線形前面は快速特急車のシンボルだった
新町検車区　平24.3.30

2000形

▲久里浜線で2000形を見る機会はめっきり少なくなった
　　　　三崎口－三浦海岸　平20.12.9

◀ロングシートに改造後の客室内
　　　　平25.11.25

2つの前照灯や円筒案内式台車などの新機軸を盛り込む

2000形はこれまでの車輌と大きく異なる点が採用された。デザインの面から前照灯の２灯化、両開き側引戸の採用と、京急の車輌で久しく続いていた伝統の殻を打ち破った。

車体では、車端部がボックスシートという必然性もあるが、広幅貫通路から800mm幅として、遮音・断熱効果を上げるため各車遮風貫通扉を設け、連結妻の後退角がなく、完全な平妻となった。

台車は、800形の軸ばね軸箱守式から乾式ゴム入り円筒案内式に変更、付随車はデスクブレーキを採用した。以後京急の新造車輛は600形を除き、すべてこの円筒案内式の台車を採用している。

２扉クロスシートの車体は、中間車は17.5m、先頭車は18mとし、車内は乗務員室背後の座席のみロングシートで、そのほかは２扉間ハイバックの集団見合い形のオールクロスシート固定座席となっている。窓側がライラック、通路側はエンジと色調を変え、扉間は中央に向かって向きが固定された「集団見合い」と呼ばれる座席配置をとっている。出入口の踊り場は広くとり、スムーズな乗降が行えるよう両開き扉を採用、閑散時のため補助イスを備えている。

72輛が揃った以降は、日中の「快速特急」は、ほとんどが2000形８輛編成で運転されるようになった（当時の都営浅草線直通列車は「特急」として終日運転されていた）。４輛固定編成は朝夕の増結運用を主に、日中は４＋４の８輛編成で「快速特急」に使用されていた。平成４（1992）年４月、平日の夕方の帰宅時間帯に座席定員制「京急ウィング号」が運転開始したことにより、その任に就いた。

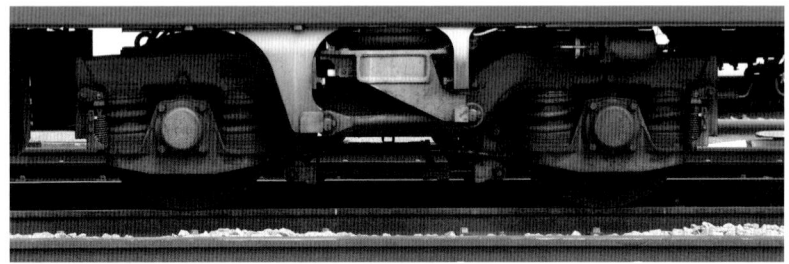

▲TM2000M　　　　　　　　　　　　平24.10.10

▲TH2000T　　　　　　　　　　　　平24.10.10

2100形の登場によって3扉ロングシートに改造

　本線のスピードアップ計画により、京浜間の快速特急は最高120km/h運転となるため、平成5(1993)年から7(1995)年にかけてブレーキ増圧対応工事が施工された。平成10(1998)年に後継の2扉クロスシート車2100形の登場により「快特」運用から外れ、全般的な車輌更新は行わず、同年から平成12(2000)年にかけて中央に扉を新設、妻面車端部のボックスシートを残し3扉ロングシートに改造が行われ、塗装も800形と同様の側窓周りが広幅アイボリーの塗装となった。

　側引戸間のロングシートは片持ち式で暖色系の格子縞の表地のバケットタイプで、以後1000形新造車、1500形の更新、600形のロングシート改造などのプロトタイプとなった。車内は通勤車仕様のロングシートになったが、カバー付きの照明、横引の布製のカーテン（2扉時代とは布の材質や色が異なる）、ブロンズメッキのラインデリア吹出口や、荷棚の造作などに、クロスシート時代の面影が残っている。また、なぜか2411編成のみ、車体側面の車号表記位置が海山側とも異なって取り付けられていた。改造工事施工期間中は2100形の増備により徐々に「快特」運用から外され、平日朝ラッシュ時間帯の「急行」運用に使用されることもあったが、平成11(1999)年7月のダイヤ改正で「急行」が廃止となり、改造待ちの状態となる。

　平成14(2002)年10月からは、本線横浜方面からの羽田空港直通列車を、本線「快特」の後部に空港線直通車を併結することになった。これを受けて、電気連結器の回路結線が異なるため他形式と連結運転ができなかった2000形は、電気連結器の回路変更が行われ、加速特性が若干異なるものの他形式との連結運転も可能となり、増結用として作られた4輌固定編成は羽田空港直通列車として、本線「快特」との金沢文庫－京急川崎間併結運転や「普通」と八面六臂の活躍となった。

　このため4輌単独での普通運用も増え、コンプレッサの容量補強のため、M1c車に二代目700形や初代1000形の廃車発生品である独特の回転音を奏でるロータリー式コンプレッサAR-2B形を増設した。

　一方、8輌固定編成は、「A快特」の座を後継の2100形に譲り、朝夕の自社線内の「C特急」や「B快特」運用が主となり、一時は日中まったく走らない状況となったが、平成22(2010)年5月からの「エアポート急行」の運転開始に伴い、再び終日活躍する姿が見られるようになった。

　その代わりに4輌固定編成は、羽田直通の増結運転が廃止され、同年10月、羽田空港国際線ターミナル駅の開業による同駅のホームドア設置により、4＋4編成は800形と共にドア配置の関係から空港線には入線できなくなり、朝夕の増結と本線「普通」運用の日々となった。

▶イベント列車として運行された2扉クロスシート車のファイナルラン　品川　平12.8.27

▲通勤時間帯の横浜方面からの羽田空港アクセスを担う「C特急」に活躍する2000形　上大岡－弘明寺　平25.12.3

2000形

▲リバイバル塗装で誕生当時のカラーリングに戻った
2011編成　　　　　能見台－金沢文庫　平25.2.12

▲扉間の側面窓、左が2扉当時の窓で、右は戸袋設置の
ため左右幅が狭くなった　　　　　　　平25.3.10

▶朝の「B特急」に入る2011編成
　　　　　三浦海岸－三崎口　平25.7.12

2011編成は
リバイバルカラーで運用

　3扉ロングシート車でありながら、先頭車の車体長さや非貫通の正面、加速性能などにより都営浅草線直通運用には入れず、長年の高速運転による走行距離や車齢も高く、本格的な車輌更新も行われていないことから、平成24(2012)年5月には4輌固定編成の半数となる3本12輌が廃車となった。

　平成25(2013)年1月には、2000形登場30周年を記念して、2011編成を登場当時の窓周りアイボリーの塗装に復元、検査回帰の2年を限定に一般運用で運転が行われている。今後は1000形の増備によって廃車が進められることになると思われる。もともと72輌の少数でもあり、すでに廃車により平成26(2014)年3月末では在籍は60輌となっており、ここ数年で姿を消すことが予想される。

▲本線普通列車として走る2411編成。この日が最終営業運転であった　　　　　　　　京急鶴見　平24.5.2

▲平成22年5月の「エアポート急行」の運行開始に伴い空港線運用に就いた2000形。しかし同年10月には羽田空港国際線ターミナル駅にホームドアが設置されたため、8輌固定編成のみが使用されている　大鳥居－穴守稲荷　平23.8.2

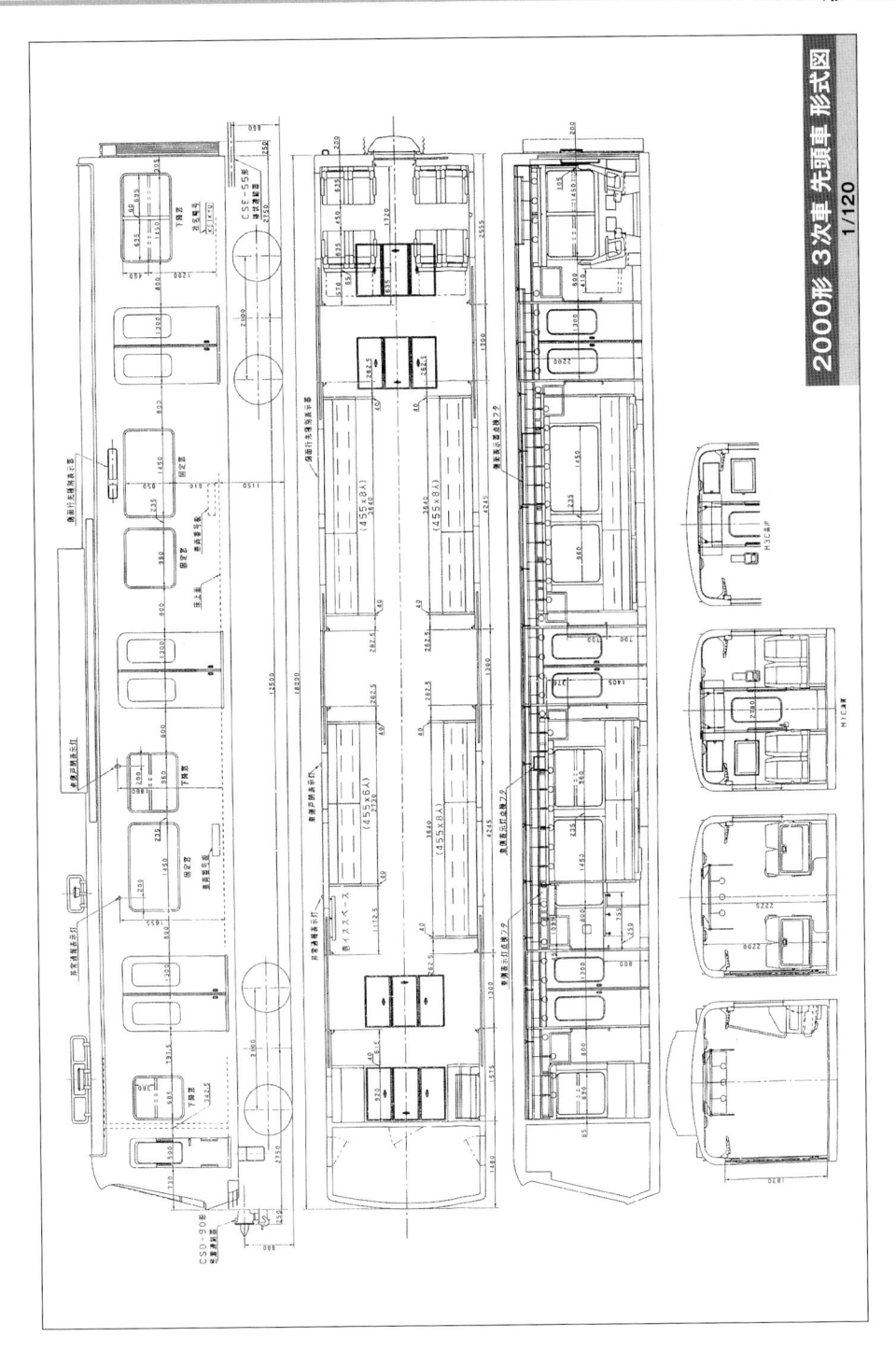

◆2000形◆

2000形 3次車 先頭車 形式図 1/120

車輌探見 ❻

省エネ電車の先駆、ローレル賞を受賞した
愛称"だるま"の普通列車専用車輌は
今なお最古参として奮闘

▶側面白地が広幅の新造時の姿。京急で初めて黒地方向幕を採用したが、後年白地に変更されている
新町検車区
昭53.12

800形

▶800形登場時の車輌カタログ

◀1979年に第19回「ローレル賞」を受賞した際に掲げられた記念のヘッドマーク

▲大森町－梅屋敷間で800形の「普通」同士が行き交う　平24.10.27

▼800形が受賞した「ローレル賞」の記念の盾とクレイモデル。計画当初は前面非対称となっている

▼鉄道友の会より、京急で初めて「ローレル賞」を授与される　品川　平6.8.13　福井紘一

省エネを掲げて11年ぶりに登場の4扉車普通専用車輌

　800形は4扉ロングシート車の普通列車専用車輌で、昭和53(1978)年12月、先の4扉ロングシート車700形以来となる11年ぶりの新型車輌として登場した。

　その間、京急は直並列弱め界磁制御、発電ブレーキ併用電磁直通ブレーキ(HSC-D)の、いわゆる高性能車第一世代の初代1000形の製造を続け、その最終増備車の落成は800形登場の3ヵ月前であった。

　時代は緊迫した中東情勢から原油供給に不安をもたらしたオイルショックにより、右肩上がりの経済発展にかげりが見え、社会全体で省エネルギーが叫ばれる時代であった。鉄道界でも冷房車輌などの増加による使用電力量の増加などにより、省エネが喫緊の課題となっていた。

　また800形は、本線上に残る旧性能(自動ブレーキ、吊り掛け駆動)の400形や500形を駆逐して、列車運行の高性能や高効率化を図り、さらに次期都営地下鉄1号線(現・浅草線)直通規格車開発への最新技術の導入と吸収とを目指すものであった。

　今日すでに最古参車輌となった800形であるが、3輌固定編成を1ユニットとした全電動車編成で、3輌12台の主電動機を1台の制御器で総括制御(1C12M)する直並列分巻界磁チョッパ制御を採用。主電動機は従来の直巻電動機から100kWの複巻電

●800形 製造一覧

製造年度	輌数	編成・車号	入籍
昭53年度	12	801-1・801-2・801-3	昭53.12.26
		802-1・802-2・802-3	昭54. 1.22
		803-1・803-2・803-3	昭53.12.26
		804-1・804-2・804-3	昭53.12.26
昭54年度	24	805-1・805-2・805-3	昭54. 6.23
		806-1・806-2・806-3	昭54. 6.23
		807-1・807-2・807-3	昭54.11. 6
		808-1・808-2・808-3	昭54.11. 6
		809-1・809-2・809-3	昭54.11. 6
		810-1・810-2・810-3	昭54.11. 6
		811-1・811-2・811-3	昭54.11. 6
		812-1・812-2・812-3	昭54.11. 6
昭55年度	18	813-1・813-2・813-3	昭55. 3. 7
		814-1・814-2・814-3	昭55. 3. 7
		815-1・815-2・815-3	昭55. 3. 7
		816-1・816-2・816-3	昭55. 3. 7
		817-1・817-2・817-3	昭55. 3. 7
		818-1・818-2・818-3	昭55. 3. 7
昭56年度	21	819-1・819-2・819-3	昭56. 4. 1
		820-1・820-2・820-3	昭56. 4. 1
		821-1・821-2・821-3	昭56. 4. 1
		822-1・822-2・822-3	昭56. 4. 1
昭56年度		823-1・823-2・823-3	昭56. 4. 1
		824-1・824-2・824-3	昭56. 4. 1
		825-1・825-2・825-3	昭56. 4. 1
昭57年度	24	813-3・813-4・813-5	昭57. 3.26
		814-3・814-4・814-5	昭57. 3.26
		815-3・815-4・815-5	昭57. 3.10
		816-3・816-4・816-5	昭57. 3.10
		817-3・817-4・817-5	昭57. 3. 1
		818-3・818-4・818-5	昭57. 3. 1
		819-3・819-4・819-5	昭57. 3.10
		823-3・823-4・823-5	昭57. 2.19
昭58年度	12	820-3・820-4・820-5	昭58. 2.25
		821-3・821-4・821-5	昭58. 2.25
		822-3・822-4・822-5	昭58. 3.18
		824-3・824-4・824-5	昭58. 3.18
昭61年度	21	811-3・811-4・811-5	昭61. 8.28
		812-3・812-4・812-5	昭61. 8.12
		825-3・825-4・825-5	昭61. 8.18
		826-1・826-2・826-3・826-4・826-5・826-6	昭61. 9. 1
		827-1・827-2・827-3・827-4・827-5・827-6	昭61. 8.25
合　計	132	※昭和54年～56年度製の811-3～825-3は、811-6～825-6へ改番	

◆800形◆

動機に変え、その分巻界磁をチョッパ制御して、当時、鉄道車輌における省エネの代名詞となっていた、電力回生ブレーキを得るものであった。

駆動装置は従来どおりの平行カルダン方式だが、TDカルダン(中空軸式可撓板継手式)とWN継手(可撓歯車継手式)から、WN継手の歯車継手を撓み板継手に変えたような構造のTD継手(可撓板継手式)に変更となり、以後京急の新造車輌の標準駆動装置となった。

前照灯1灯式(当初丸形であったが、808編成で角形を試用、813編成以降本格採用され、後にすべて角形に統一されている)、片開き扉車は京急最後の形式となった。

また、側面の塗装は従来の白帯から、窓周りを広幅とし、アイボリーに塗装するようになり、これが以後の形式にも踏襲されることになるが、当時は「特急」「快特」運用の象徴とされた。このため「普通」用の800形は2000形と同様、従来の窓下白帯に変更されている。

▲空港線で羽田(現・天空橋)駅開業まで3輌編成で活躍した　　　　　　　　　　　　穴守稲荷　平5.3.19

800形編成図

●800形 801〜810

M1c	M2	M3'	M1'	M2	M3c
BL-MG	CS(F)	CP SB	BL-MG	CS(F)	CP SB

車　種		M1c	M2	M3'	M1'	M2	M3c
自　重	(t)		35				
定　員	(座席)	138(46)	144(48)	139(48)	144(48)	138(46)	
最大寸法 (mm)	長	18500	17860	18500	17860	18500	
	幅	2790					
	高	4005	4050	4005	4050	4005	

●800形 811〜

M1c	M2	M3	M1	M2	M3c
BL-MG	CS(F)	CP SB	BL-MG	CS(F)	CP SB

車　種		M1c	M2	M3	M1	M2	M3c
自　重	(t)	35					
定　員	(座席)	138(46)	144(48)				138(46)
最大寸法 (mm)	長	18500	17860				18500
	幅	2790					
	高	4005	4050	4005	4005	4050	4005

◀800形の運転台。京急初の右手操作のワンハンドルマスコンが導入された
平25.10.30

▲中間車の室内。集中クーラーの中間車は平天井で、レール方向にクーラーの吹き出し口が並ぶ
平25.10.30

◀800形先頭車の室内。丸天井に分散型クーラーの吹き出し口が目立つ
平25.10.30

▲固定窓の部分はFRP製の窓キセが斬新だった
平25.10.30

800形固有のパーツたち
"昭和"を感じるパーツあれこれ

◀屋上に並ぶ分散式クーラー。新造車輌で分散式クーラー付きは800形の先頭車のみ　平21.10.31

▶分散式クーラー車は丸天井となっている　平23.12.3

▲伝統の広幅貫通路　平25.10.30

◀「KHK」のロゴが入った扇風機　平23.12.3

▲小型排気扇　平25.10.30

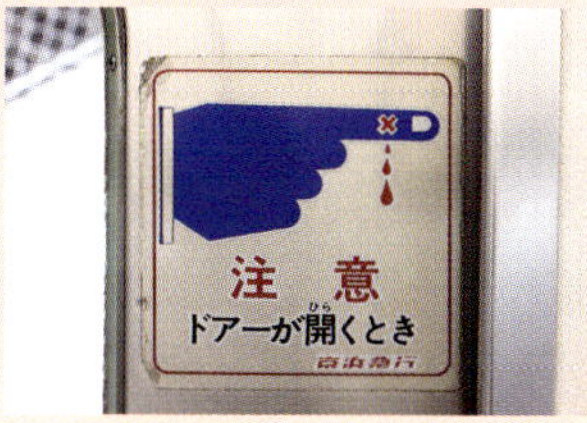

▲片開扉に貼られた、指を挟み込まないように注意するシール　平25.10.23

▶片側に開く大きな片開扉は1000形ゆずり　平25.10.30

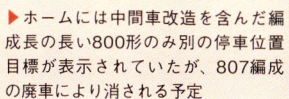

▶ホームには中間車改造を含んだ編成長の長い800形のみ別の停車位置目標が表示されていたが、807編成の廃車により消される予定
逸見　平25.12.16

800形からワンハンドルマスコンを採用

　普通列車専用として歯車比は6.07と大きく、定格速度は33.1km/h、最高速度は100km/hと低く抑えているが、加速度は3.5km/h/s、減速度は4.0km/h/sと汎用性の1000形とほぼ同等の性能を備えている。

　空気ブレーキ方式も従来のHSC-Dから全電気指令式電磁直通ブレーキ（MBS-R）に変更となったことにより、運転室への空気配管が不要となり、力行とブレーキを右手操作のワンハンドルマスコンのみで扱えるようになった。

　台車は車体直結の空気ばね台車で、軸ばねは軸箱上部にコイルばねを設け、軸箱の上下動を左右の軸箱守（ペデスタル）で支える方式で、以降は円筒案内式を採用したため、これは800形のみのものとなった。

　車体は赤を基調に窓周りを白とした塗り分けとしたが、増備車からアイボリーに変更、後に登場した2000形にこの塗り分けを譲り、赤に窓下150mm幅の白帯塗装に塗り変えられた。

　車体長は先頭車が18m、中間車が17.36mとなり、4つの側引戸は1000形と共通の片開き戸、側窓は連結妻と乗務員室後部の窓

▲ワンハンドルマスコンの内部の様子。左側のハンドルの右にドラムが横置きとなっている　平6.8.13

を下降窓とした以外は、硬質ゴムを用いた固定窓（増備車では下降式に変更）で、内側は航空機のようにFRP（ガラス繊維強化プラスチック）一体型のキセで覆う斬新なデザインを採用した。これは、我が国の鉄道車輌では初めてのこととなる。

　先頭車は9.9kWの分散式の屋上冷房装置を4台として、乗務員室へ冷風を導く部分のみダクトが設けられているが、そのほかは丸天井で、冷房機の直下に枕木方向は冷風吹き出し口、レール方向にリターン口が設けられている。冷房付きで新造された京急の車輌で屋上分散式は、800形先頭車のみである。中間車は集電装置を2基取り付けていることもあって41.9kWの集中式冷房装置で、室内は平天井となっており、冷風吹き出し口は、室内灯に沿ってレール方向にアルミ形材による連続性を持たせたものとなっている。

　なお補助として、40cm扇風機4台と30cm小型排気扇が2台取り付けられている。

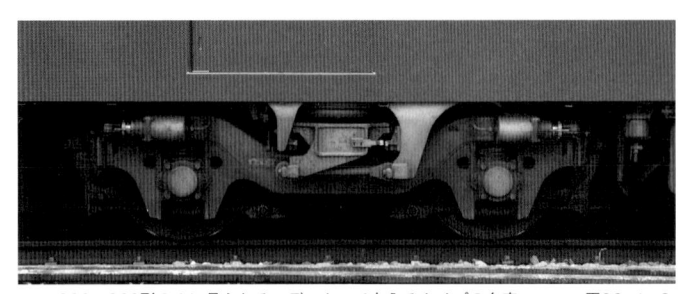

▲TH800　800形のみに見られるペデスタルで支えるタイプの台車　平26.1.8

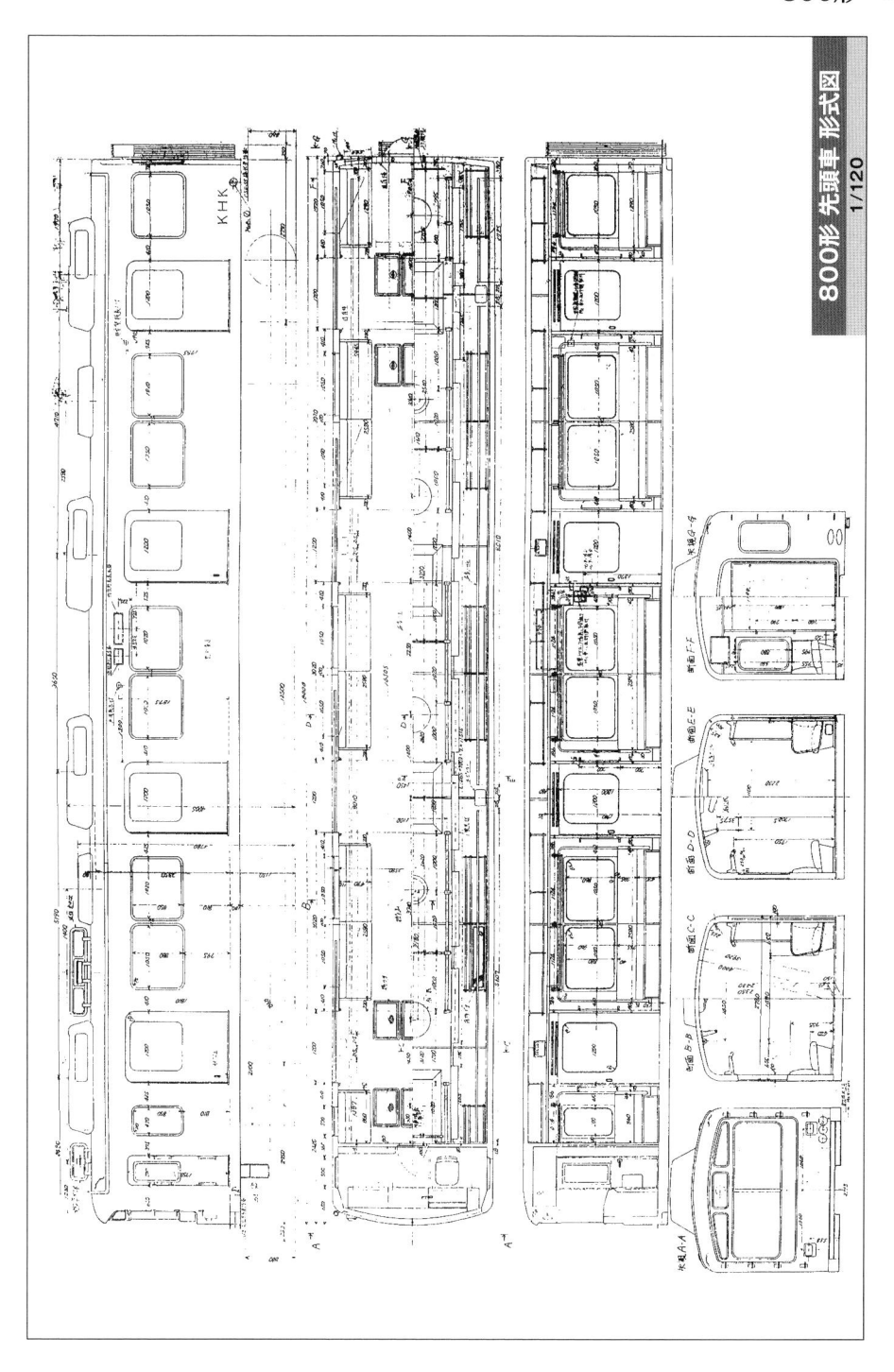

◆800形◆

800形 先頭車 形式図
1/120

147

▲鶴見川橋梁から勾配を駆け下りる800形　　　　平23.9.26

◀検査時に折りたたみができるタイプの転落防止幌。取り付けが始められた頃のもので、現在も一部残っている
平26.1.7

▶折りたたみ可能タイプから固定タイプに改造された転落防止幌。妻窓下の白帯が省略されている　平24.5.27

◆800形◆

▲811編成。右は固定窓の2号車、左があとから増備した3号車で窓は下降式となっている　　南太田　平20.11.5

▲平成26年3月で姿を消す分散式クーラーを搭載した先頭車改造の中間車。乗務員室扉跡に縦長の窓が設けられた
金沢検車区　平23.5.23

更新工事で6輌固定編成へ
徐々に数も減少へ

　11年ぶりの新設計の車輌であったため、車内外でデザインの試行が行われ、前照灯の形状、方向幕、側窓をはじめ、座席はシートや袖仕切りの色など試行が行われ、増備ごとに変化が見られた。

　813編成から、側窓は戸袋窓を除き下降式となり、室内の強制排気扇は扇風機に変更されて、825編成まで3輌固定編成で製造された。当初、ラッシュ時は2編成併結して6輌編成で普通列車に、日中閑散時は3輌で運行する計画であったが、普通停車駅の6輌停車設備が整わず、日中3輌編成では輸送力に不足ということで、旧性能車と共に2編成連結の6輌編成で急行に使用されることが多かった。3輌編成の運行もあったが、1編成で1制御装置のため、万一の事態に備えて続行運用を心がけた。また、数の揃わない頃の初期の車輌は、非常時に在来のHSC-DやAMMブレーキ装備車との連結も考慮して、ブレーキ読替装置を装備していた。

　増備の途中で6輌停車の設備も梅屋敷駅を除き整ったので、初期の10編成を除き、昭和57（1982）年以降、811編成から825編成を梅屋敷駅対策として自動ドア切放装置（ADL）を備えて、中間車を増備し、6輌固定編成となった。6輌貫通編成となった増備車の4号（M1）車浦賀方には、遮風貫通扉が設けられた。

　最終増備の826と827編成は初めから6輌

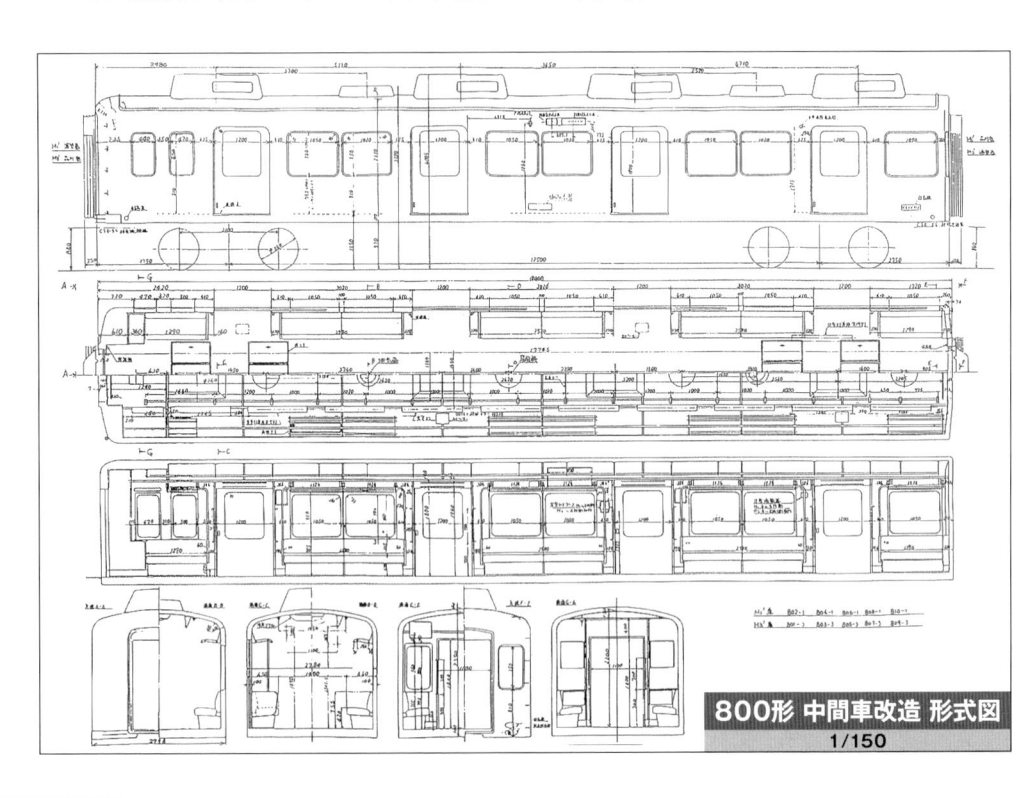

800形 中間車改造 形式図
1/150

150

固定編成で製造され、800形は３輌固定編成10本、６輌固定編成17本の132輌となった。同時期、所期の目的であった吊り掛け駆動、自動ブレーキ（AMM）装備の旧性能旅客車輌の淘汰が完了した。３輌固定編成は、旧性能車輌に代わって羽田（現・天空橋）駅空港線第一期延伸工事完成まで、空港線の列車に使用された。

800形まで連結器は、都営地下鉄１号線直通規格の密着自動連結器のNCB-Ⅱ形を取り付けて製造されたが、平成元（1989）年より自動連解装置付きの密着連結器に付け替えが行われた。800形については、通常連結運転を行わない800形の６輌固定編成については、下部の電気連結器が取り付けられなかった。

車輌更新工事は、平成６（1994）年から14（2002）年にわたり行われた。３輌固定編成で残っていた10編成は、番号順に２編成を貫通させて６輌編成とする工事が行われ、800形は６輌固定編成22本となった。中間車改造以外は外観を大きく変更するような工事は行われなかったので、見た目は全般検査出場車のようであった。

600形登場の年に工事が始まったので、社名略称の標記が「KHK」から「KEIKYU」に変更された。中間車改造は、乗務員室の仕切りを取り払って客室を延長、乗務員室扉を埋め固定窓を新設、運転妻は窓を塞ぎ貫通路を新設したが、遮風貫通路が設けられなかった。

改造部分の台枠先端は切り落とさず、構体については手を加えていないので、元の半径4000mmの丸妻の形態をそのまま残している。先頭車は中間車より長いので、同じ800形６輌固定編成でも、編成長が1.3m長い６輌固定編成となった。

全車施工に８年を要し、製造時の仕様も異なっているため、当初の貼り屋根から塗り屋根に変更したものや、客室ドア部の滑り止めなど途中から施工仕様が変更となっており、最終年の車輌では車内標記類がプレートからシールに変更されるなど変化が見られる。冷房装置は分散式も集中式も横型スクロールタイプの圧縮機を備えるものに交換されている。

転落防止幌は平成15（2003）年度から17（2005）年度にかけて取り付けられた。800形は妻窓があるため、屋根への昇降ステップはステーを設けて窓にかかる位置に移動して設置しており、先頭車改造の連結妻は大きな曲面のため、幌自体にステーを付けた物々しい姿となった。当初は他形式と同様に検査時に折りたたみのできるタイプが取り付けられたが、後に固定式のものに取り替えられた。

なお、この幌を取り付けたこともあって、平成16（2004）年度定期検査出場車から、連結妻部分の白帯塗装が省略された。

愛称は「だるま」だが、６輌固定編成のため大師線に入線したことはなく、空港線には一時定期列車で特急運用もあったが、現在では羽田空港国際線ターミナル駅にホームドアが設置されたため、ドア間隔の関係で乗り入れられなくなり、本線系統の普通列車専用として活躍している。

平成23（2011）年４月、トップナンバーの編成を含め、製造初年度の車輌が廃車となったのを皮切りに、平成25（2013）年度末には３輌＋３輌改造の801から810編成までの5編成がすべて姿を消すことになる。

今後も1000形の６輌固定編成の増備が進められることにより、代替として淘汰が急速に進むことが予想される。

車輌探見 ❼

◀長物輸送にジブク
レーンを装備してい
たデチ15形
　　　金沢検車区
　　　平6．9．20

➤ 電動貨車

電動貨車

機材の運搬や事故復旧に備える
黄色い塗装の頼れる事業用貨車
廃車派生品を利用してパワーアップ

▲日中回送されるデト11-デト12とデト15-デト16
　　横須賀中央－県立大学　H24.6.21

▶本線を貨車便で走るデト11-デト12
　　金沢文庫－能見台　平20.12.22

153

2輌固定編成の電動無蓋貨車が3編成

京急では、旅客営業車輌のほかに、貨車と呼ばれる事業用の車輌を6輌保有している。いずれも2輌固定編成の電動無蓋貨車である。

1編成は車輌基地（検車区）と工場（京急ファインテック久里浜事業所）間の機材運搬など配給業務を行うデト11形（11-12）の2輌で、ほかの2編成はデト17形（15-16・17-18）で、救援車となっている。

これらの貨車は、先代の吊り掛け駆動のAMM自動ブレーキを備えた車輌群が営業車輌から消えたことにより、初代1000形の機器を流用して作られたもので、ほかに制御救援車としてクト1形（1・2）の2輌が、昭和63（1988）年から平成2（1990）年にか

電動貨車編成図

●デト11・12形電動貨車

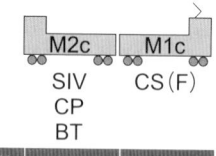

M2c｜M1c
SIV｜CS(F)
CP
BT

車種		M2c	M1c
自重	(t)	34	35
荷重	(t)	18	
最大寸法 (mm)	長	18000	
	幅	2745	
	高	3929	4050

●デト17・18形電動貨車

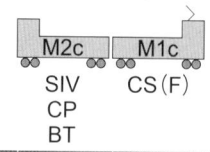

M2c｜M1c
SIV｜CS(F)
CP
BT

車種		M2c	M1c
自重	(t)	34	
荷重	(t)	18	
最大寸法 (mm)	長	18000	
	幅	2745	
	高	3929	4050

◆ 電動貨車 ◆

けて作られた。
　東洋製の機器と東急の台車が流用され、検車区や工場のレイアウトが南方を終端として無電圧区間を設け、取り降ろし作業などを行うため、Ｍ１車を品川方として集電装置を取り付けている。
　車体は強度を持たせるため魚腹台枠とした新製だが、側引戸や窓枠などの部品は種車からの流用で、旅客車輌と異なり、黄色に赤帯の塗装をしている。

▲デト12-デト11-クト１-デト16-デト15の貨車５輌編成　　　　金沢八景－金沢文庫　平21.12.7

155

◀ デト18を荷台から
　見た様子
　　久里浜工場信号所
　　　　平22.6.5

電動貨車

◀チョッパ改造されたデト17-デト18
　久里浜工場信号所　平22.6.5

▶シングルアームパンタに改造されたデト12形
　新町検車区　平H22.10.7

廃車から取られた派生品でチョッパ、シングルアーム化

　デト11形は、検車区と工場間の機材運搬のほかに砕石(バラスト)運搬、デト17形はレールなどの長物運搬車としてクレーンを備えたデチ15形として作られたが、これらの作業は「トロリ」と呼ばれる工務車輌(車籍はなく機器)による作業が主となり、救援車は機動性が求められることもあって、自走可能車輌のデチが転用されることになり、救援車に改造された。このとき17-18号が先に改造されたため、形式名は「デト17形」となった。

　平成22(2010)年、初代1000形の引退によって、旅客営業車輌は界磁チョッパとインバータ制御車のみとなり、ブレーキ方式もMBSに統一されたこともあり、保守や牽引運転などに支障となるため、1500形のインバータ制御改造で発生したチョッパ制御器や複巻電動機を利用して、界磁チョッパ、MBSブレーキ化が行われ、集電装置はシングルアームタイプに、台車もTH-1500Mに交換された。

　なお主幹制御器(マスコン)は、800形の中間車改造で発生した、右手操作タイプを使用している。

　クト1形については、代替として救援軌陸車を2台新製したことに伴い、平成22(2010)年度に廃車となった。

▲前照灯が角目になった更新車のデト11形　　平23.9.22

◀デト17形のTH1500M台車
　　　新町検車区　平22.6.5

◆ 電動貨車 ◆

▲デト11-デト12は新町検車区所属で週２回、金沢検車区経由で京急
ファインテック久里浜事業所まで機材運搬の貨車便として走る
逸見　平22.11.15

▲800形のワンハンドルマスコンを利用したデト18形の運転台
平22.6.5

▲内部作業員のためにスポットエアコンが装
備されたデト18形の内部　　　平22.6.5

159

▲クト1形の廃車直前の姿
久里浜工場信号所　平22.7.3

▲救援車輌として使われていたクト1形。自走できず他車に連結されて移動する、ジブクレーンを装備していた初期の姿。のちに救援資材を入れたコンテナを積載した
新町検車区　平12.2.14

◀廃車後に車体をカットされて千葉県富津市内に置かれていた時のクト1形の姿　平23.6.4

◆電動貨車

▲毎年事故想定を変えて沿線の自治体や消防、警察なども参加して行われる大がかりな鉄道事故復旧訓練。一般見学者も募集される。救援車から降ろした脱線復旧機材によりレールに戻される車輌
　　　京急ファインテック久里浜事業所
　　　　　　　　　　　平25.10.10

▶復旧機材を車輌備え付けのリフターで降ろす
　　　京急ファインテック久里浜事業所
　　　　　　　　　　　平25.10.10

◀クト1形の代わりに機動性をもたせるため、道路も線路も走れる軌陸車が2台用意された
　　　京急ファインテック久里浜事業所
　　　　　　　　　　　平23.11.1

デト11形は週2回 新町-久里浜間を往復

　デト11-デト12は新町検車区に配置され、月・木曜の週2回、金沢検車区を経由して、京急ファインテック久里浜事業所間の機材運搬を行っている。

　デト15-デト16は車両管理区、デト17-デト18は新町検車区で、それぞれ事故復旧機材のコンテナを搭載して待機している。

　クト1形がなくなったため、金沢検車区には救援軌陸車が配属となった。

▲初代1000形と最後に本線を走行したクト1形2号
新大津－北久里浜　平23.2.25

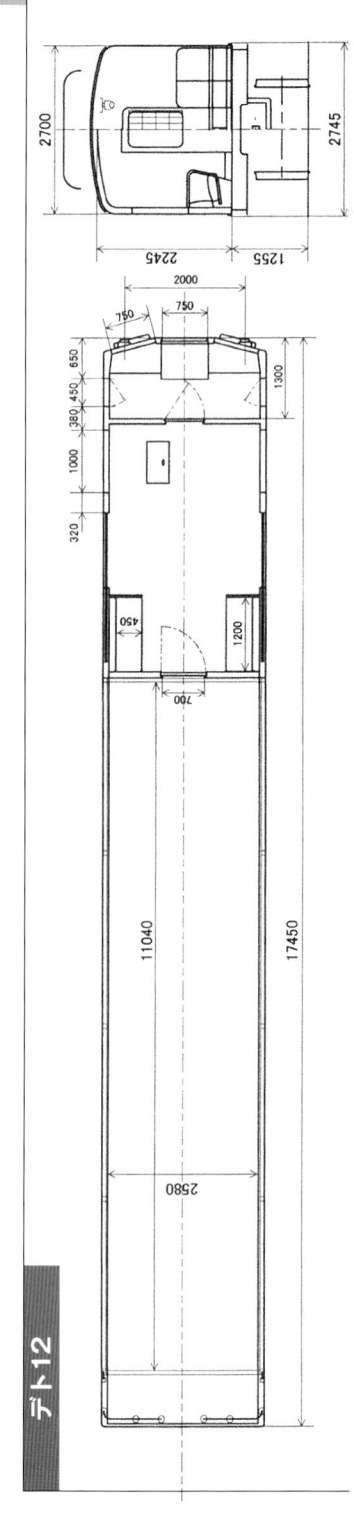

デト12

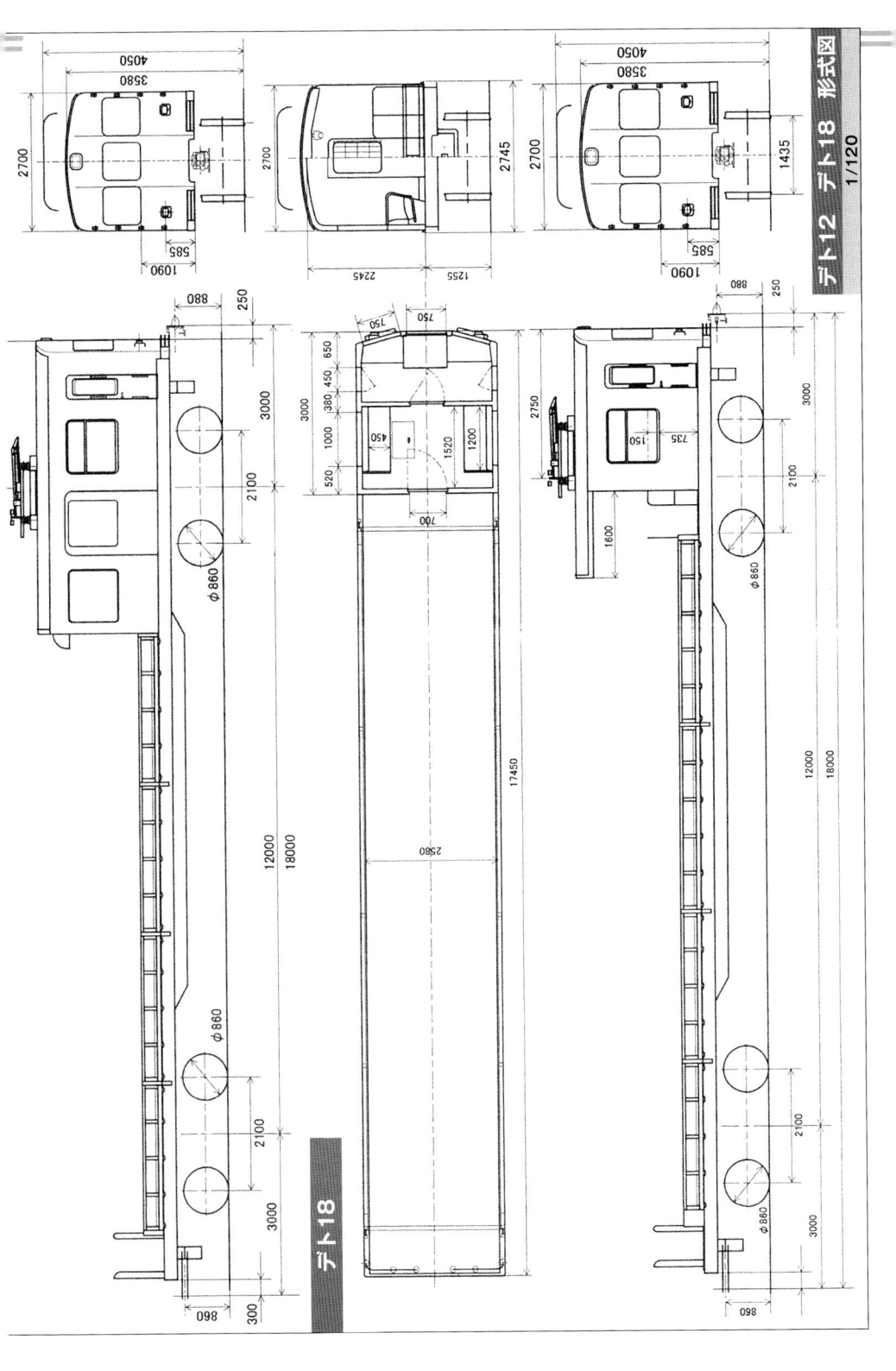

デト12 デト18 形式図 1/120

デト18

車輌探見 ⑧

今日の車輌性能の基準となった模範車
「普通」から「快速特急」まで
オールマイティに活躍した

▶ 平成20年に創立110周年を迎えるため、記念として企画された「歴史ギャラリー号」
新町検車区
平20.2.20

164

初代1000形

▲創立110周年記念の「ありがとうギャラリー号」。廃車までこのラッピングが施されていた
金沢検車区　平20.2.20

◀1000形8輌固定編成に700形4輌固定編成を増結した12輌編成の通勤快特
上大岡－弘明寺　平5.4.16

▲ファイナルランに関連するイベントのポスター

◀平成22(2010)年6月27日に行われたファイナルランの様子。たくさんのファンが別れを惜しんだ
京急久里浜　平22.6.27

約20年にわたって製造
冷房改造車と冷房新造車に大別

　平成22(2010)年度に引退した先代の初代1000形は、新たに建設される都心の地下鉄は郊外の私鉄と相互直通運転するのが望ましいという、昭和30年代の初めに出された都市交通審議会による答申のもと、都営地下鉄1号線(後に浅草線と命名)と直通運転用の車輌として、昭和34(1959)年から昭和53(1078)年までに352輌が製造され、昭和33(1958)年に製造された初代1000形の試作車800形を含めると356輌を数えた。

　初代1000形は初代700形(後の二代目600形)に続くカルダン駆動、電気(発電)ブレーキ併用の電磁直通ブレーキ(HSC-D)を装備した全電動車編成からなり、高加減速性能に優れ、今日に至る京急の車輌性能基準となった。「普通」から「快速特急」まであらゆる列車種別に性能的に対応できる汎用性に富み、製造時は2・4・6・8輌固定編成などで製造されたが、輸送需要に柔軟に対応して編成替えが頻繁に行われ、使い勝手のよい車輌であった。

　長期間にわたり製造されたため、途中で何度かのマイナーチェンジが行われたが、初期車の正面2枚窓非貫通から貫通路付きに変更された以外は大きな変更はなく、後期製造の車輌を基準に初期車輌が更新されたため全体に一貫性のあるデザインで統一されていた。

　最終的に冷房装置を装備することなく製造され、後に冷房改造を受けた昭和43(1968)年以前製と、昭和46(1971)年以降の冷房付きで製造された出力増強車輌に大別された。

　後継の1500形の製造開始以後、昭和61(1986)年から廃車が始まり、日中の120km/h運転の開始により、日中の「快特」と「特急」の運用から完全離脱、本線の「普通」や大師線運用となり、平成17(2005)年3月には初期製造の車輌が全廃となった。

　この間、譲渡車輌として高松琴平電気鉄道に1080形として譲渡されたのをはじめ、7150形として北総開発鉄道(現・北総鉄道)に譲渡、京成電鉄には京急車輌(現・京急ファインテック)を経由してリースが行われたが、平成26(2014)年3月現在で現役活

▲クラッシックな運転台の様子　　平22.7.3

◆ 初代1000形 ◆

▲昭和34年度製の初代1000形。1048号までは正面2枚窓であった　　　　昭34.12　福井紘一所蔵

躍なのは、高松琴平電気鉄道の1080形のみである。また、廃車の機器利用によって電動貨車が製造された。

　京急創立110周年となる平成20(2008)年には、初代1000形の4輛と6輛の2編成が記念事業の一環として車体全体にラッピングが施され、廃車までの10カ月あまりの間運行された。

　引き続き後期製造車輛の廃車も、新1000形(現行の1000形)のステンレス鋼車輛の増備によって拍車がかかり、平成22(2010)年6月27日金沢文庫-(「快特」)-三浦海岸-(「特急」)-京急久里浜間で一般乗車の臨時

列車としてファイナルランが行われたが、翌28日大師線での営業運転が実質初代1000形の最終運行となった。

　その後は1351-1356号の2輛が残され、同時に行われていた貨車のチョッパ改造が終わるまでの牽引車輛として車籍が残されていたが、年度末には廃車となった。

　後期車輛の一部は、ブレーキ装置をHSC-Dのままとした1300形として、高松琴平電気鉄道に譲渡されている。廃車となった1351-1356号は解体をまぬがれ、京急ファインテック久里浜事業所に保管されており、今後の処遇が気になるところである。

167

車輛探見 ⑨

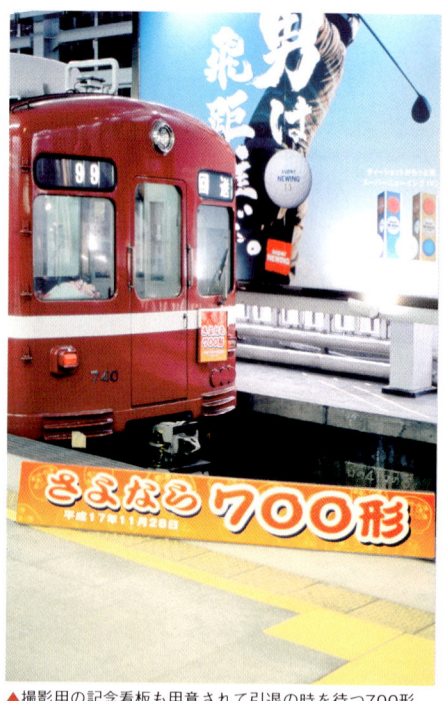

▲撮影用の記念看板も用意されて引退の時を待つ700形
　　　　品川　平17.11.28　福井紘一

元祖4扉ロングシート車は「通勤快特」で活躍、大師線運用で引退した

▶干支のヘッドマークが2順する長期にわたって大師線で活躍した
　　　川崎大師
　　　平10.1.2

二代目700形

▲700形4ドアロングシートの12輌編成の通勤快特は朝のラッシュ時の切り札であった
　　　　　　　　　　　　　　　杉田－屏風浦　平11.6.11

◀ファイナルラン時には、大師線の沿線幼稚園から贈られた花束が運転室に飾られた
　　　　　　　　　　　　品川　平17.11.28　福井紘一

韋駄天ぶりを発揮するも平成17年に引退

　ここで紹介する700形は、昭和42（1967）年から昭和46（1971）年にかけて製造された4扉ロングシート車で、京急としては二代目となる700形である。その前年の4月まで、二代目600形となった先代の2扉セミクロスシート車の初代700形が存在していたのでややこしい。

　都営1号線（浅草線）相互直通運転を間近に控え、ほぼ所定数に達した初代1000形に代わり、自社線内の普通列車に経済性を重視しながらも、初代1000形と同性能で輸送力増強用となる車輌として製造された。

　3輌固定編成で、先頭の電動車は初代1000形の倍出力の150kW主電動機を備え、車体長18m、中間車は17mの付随車で、4扉ロングシートという究極の通勤車輌として、ラッシュ時は6輌編成、閑散時は3輌で運行するように計画された。

　ところが製造時には4輌編成しか停車できない駅が存在したため、暫定的に中間付随車を2輌組み込んで、4輌固定編成として製造された。短期間の製造であったため大きなマイナーチェンジはなく、1次車が高位置の運転台で正面窓が小さかったことと、側窓の四隅に丸みがないことなどが目立つ程度であった。

　昭和46（1971）年に初代1000形の冷房付き車輌と同時期に非冷房車として製造された4次車が最終増備となり、4輌固定編成21本84輌が製造された。

　これ以降、次期4扉ロングシート車の800形が登場する昭和53（1978）年まで、初代1000形の冷房車輌が増備された。また、ラッシュ時間帯のスピードアップの計画により普通列車の加速性能向上が図られ、MTMで初代1000形と同性能として設計された700形は2M2Tではその性能は発揮できないので、一部編成はサハを1輌抜き取り、本来の3輌固定編成が行われた。抜き取られたサハ770形を、初代1000形の中間に組み込んだ編成も作られたが、界磁チョッパ制御の800形の増備が始まり、徐々に4輌固定編成に戻された。

　4輌固定編成は、低速域では空転の発生を抑えるべく性能を絞ったため加速性能が劣るものの、大出力主電動機により高速域でのびがよく、計画時とは異なった特性で「通勤快特」など4扉を生かした12輌編成の輸送力列車に活躍した。「通勤快特」の基本編成や「特急」の増結用として初代1000形と併結運転が開始されたことにより、設備格差解消もあって昭和55（1980）年から更新工事と共に冷房化改造工事が始められ、昭和63（1988）年までに全車施工された。

　支線への入線は、大師線に車輌の大型化直後から入線しそのまま棲み着いて、結局

◆二代目700形◆

▲1次車は高運転台で窓が小さく側窓は隅が角ばっていた　　久里浜工場信号所　昭42.6.11　福井紘一

終の棲家となった。空港線は大型3輌編成化後一時入線したが、4輌固定編成に戻されたこともあって早々に撤退している。

本線での「通勤快特」の活躍は平成に入ってからも続いたが、平成10(1998)年から初期に更新を受けた車輌から廃車が始まり、比較的最後まで本線の「普通」で活躍した。

最後は平成17(2005)年11月28日にセレモニーが京急川崎駅で行われ、30日の大師線運用をもって幕を閉じた。なお700形は高松琴平電気鉄道に1200形として譲渡され、現在も活躍中である。

▲本来の加減速性能を発揮させるため、800形の数が揃うまで3輌固定編成化が一部で行われた。これはその性能試運転　　神奈川新町－仲木戸　昭49.10.25

171

車輌探見 10

▶元京急230形が屋島をバックに春日川を渡る。琴電では当初75形であったが後に30形となった
春日川－潟元
昭52.7.2

172

譲渡車輌

同じ軌間をもつ高松琴平電鉄には
戦後から多くの車輌が譲渡され
長年四国の地で活躍を見せる

◀高松琴平電鉄仏生山工場にずらり勢揃いした京急からの譲渡車輌
平19.10.21　川波伊知郎

▲二代目600形は正面に貫通路が設けられて室内はロングシートとなり琴電1070形となった
久里浜工場　昭59.11.30

▲高松築港駅で並ぶ琴電1200形　平22.11.22　福井紘一

初代1000形や700形 かつての京急の車輌に会える

　大手私鉄の車輌を地方のローカル私鉄が譲り受け、第二の活躍を得て矍鑠と働いている姿が見られる。ひと昔前に東京で走っていた電車を地方で見かけることもあるが、地方ローカル私鉄は旧国鉄と貨物輸送を行っていたこともあって1067mm軌間の鉄道が多く、京急は軌間が1435mmの標準軌間のため、譲渡先が限られてしまう。

　戦後間もない頃の車輌の新造が認められなかった時代、困窮していた地方鉄道に在来車輌を転出した見返りに、改造名義として新車を認めるといったことが行われた。京急では、高松琴平電鉄をはじめ和歌山鉄道や福井鉄道などに京浜電気鉄道時代の木造車を譲渡して、デハ5400形の新造の認可を得た。

　以後、同じ1435mm軌間であることから、高松琴平電鉄への譲渡が行われるようになった。京急最後の木造車クハ120形を譲渡した昭和33（1958）年以降しばらく途絶えたが、昭和52（1977）年に230形を30形（当初は75形）として譲渡してからは、2扉セミクロスシート車二代目600形をロングシートに改造した1070形が3編成6輌、初代1000形は前期タイプの分散冷房車が1080形として6編成12輌、後期タイプの集中冷房車がHSC-Dブレーキのまま1300形として8輌、二代目700形は22輌と、高性能車第一世代の3形式は、いずれも2輌編成として高松琴平電鉄に譲渡された。

　ほかにも京王電鉄からのデハ5000形の譲渡では、京王線の軌間が1372mmであるため、台車を京急1000形のTS-310台車に履き変えて入線している。

　30形は京急引退時にすでに車齢が50年に近く、その後20年以上経過して老朽化が著しくなったため、志度線予備車として残っていた最後の1編成が平成19（2007）年度に引退した。

　また、1070形1本と、水害による被災で1080形が1本、それぞれ平成23（2011）年度に廃車となっている。

▶神奈川新町で高松へ向けて輸送の準備が進む元700形。すでに琴電志度線用1200形の塗装となっている
　平17.6.30

◆譲渡車輛◆

●京急デハ230形→高松琴平電気鉄道30形

車号	車種	京急廃車日	琴電車号	琴電入籍	琴電廃車日	備　　考
235	Muc	昭53.9.25	37	昭54.1.26	平11.6.30	譲渡時に前面貫通化改造
245	Muc	昭51.8.30	75→31	昭52.4.21	平12.8.15	
256	Msc	昭53.9.25	38	昭54.1.26	平11.6.30	譲渡時に前面貫通化改造
257	Muc	昭53.9.25	27	昭54.12.26	平19.7.14	譲渡時に前面貫通化改造
258	Msc	昭51.8.20	76→32	昭52.4.21	平12.8.15	
264	Msc	昭53.9.25	28	昭54.12.26	平19.7.14	譲渡時に前面貫通化改造
265	Muc	昭53.2.16	33	昭53.3.23	平12.8.15	
266	Msc	昭53.9.25	30	昭54.1.26	平12.11.30	譲渡時に前面貫通化改造
270	Msc	昭53.2.16	34	昭53.3.23	平12.8.15	
271	Muc	昭53.2.16	25	昭55.2.1	平12.11.30	譲渡時に前面貫通化改造
272	Msc	昭53.2.16	36	昭53.5.11	平11.12.5	
275	Muc	昭53.9.25	29	昭54.1.26	平12.11.30	譲渡時に前面貫通化改造
276	Msc	昭53.9.25	26	昭55.2.1	平12.11.30	譲渡時に前面貫通化改造
277	Muc	昭53.2.16	35	昭53.5.11	平11.12.5	

＊琴電車号の奇数は電動車、偶数は制御車

●京急デハ600形→高松琴平電気鉄道1070形

車号	車種	京急廃車日	琴電車号	琴電入籍	琴電廃車日	備　　考
605	M1c	昭59.5.31	1071	昭59.12.23		譲渡時に前面貫通化改造
608	M2c	昭59.5.31	1072	昭59.12.23		
609	M1c	昭61.3.31	1073	昭62.4.1	平23.11.4	
612	M2c	昭61.3.31	1074	昭62.4.1	平23.11.4	
613	M1c	昭61.3.31	1075	昭61.12.4		譲渡時に前面貫通化改造
616	M2c	昭61.3.31	1076	昭61.12.4		譲渡時に前面貫通化改造

●京急デハ1000形→高松琴平電気鉄道1080形

車号	車種	京急廃車日	琴電車号	琴電入籍	琴電廃車日	備　　考
1011	M1	昭63.8.14	1081	昭63.12.14		1009号の先頭部取付
1012	M2c	昭63.8.14	1082	昭63.12.14		
1019	M1	平1.3.31	1083	平1.7.8		1017号の先頭部取付
1020	M2c	平1.3.31	1084	平1.7.8		
1023	M1	平1.8.21	1085	平1.12.19		1021号の先頭部取付
1024	M2c	平1.8.21	1086	平1.12.19		
1027	M1	平1.12.1	1087	平2.6.28		1025号の先頭部取付
1028	M2c	平1.12.1	1088	平2.6.28		
1043	M1	平3.3.25	1091	平3.8.14		1041号の先頭部取付
1044	M2c	平3.3.25	1092	平3.8.14		
1047	M1	平2.8.20	1089	平3.4.19	平23.12.1	1045号の先頭部取付
1048	M2c	平2.8.20	1090	平3.4.19	平23.12.1	

●京急デハ700形→高松琴平電気鉄道1200形

車号	車種	京急廃車日	琴電車号	琴電入籍
701	Muc	平17.3.10	1212	平17.7.6
702	Msc	平17.3.10	1211	平17.7.6
703	Muc	平17.3.10	1214	平17.7.7
704	Msc	平17.3.10	1213	平17.7.7
705	Muc	平14.7.19	1202	平15.3.10
706	Msc	平14.7.19	1201	平15.3.10
723	Muc	平17.3.31	1216	平17.8.3
724	Msc	平17.3.31	1215	平17.8.3
727	Muc	平14.7.19	1204	平15.3.12
728	Msc	平14.7.19	1203	平15.3.12
731	Muc	平14.7.26	1206	平15.3.18
732	Msc	平14.7.26	1205	平15.3.18
733	Muc	平15.8.15	1208	平16.10.24
734	Msc	平15.8.15	1207	平16.10.24
735	Muc	平17.11.30	1252	平18.7.3
736	Msc	平17.11.30	1251	平18.7.3
737	Muc	平16.3.5	1210	平16.10.24
738	Msc	平16.3.5	1209	平16.10.24
739	Muc	平17.11.30	1256	平18.12.13
740	Msc	平17.11.30	1255	平18.12.13
741	Muc	平17.11.30	1254	平18.7.5
742	Msc	平17.11.30	1253	平18.7.5

●京急デハ1000形→高松琴平電気鉄道1300形

車号	車種	京急廃車日	琴電車号	琴電入籍
1243	M1c	平22.6.14	1307	平23.8.31
1250	M2c	平22.6.14	1308	平23.8.31
1291	M1c	平19.3.9	1303	平19.6.28
1298	M2c	平19.3.9	1304	平19.6.28
1305	M1c	平22.6.30	1305	平23.8.31
1308	M2c	平22.6.30	1306	平23.8.31
1313	M1c	平19.1.26	1301	平19.6.27
1316	M2c	平19.1.26	1302	平19.6.27

＊全車運転妻寄り主電動機を取り外し

▶京急ファインテック久里浜営業所の試験線で試運転が行われる1300形　平23.6.21

▲海を渡り、高松港で陸揚げされる元1000形
　　　　平19.6.25
　　　　川波伊知郎

▶菜の花に彩られた榎井－琴電琴平間を走る琴電1080形。元は京急1000形
　　平22.3.20　川波伊知郎

◆ **Database 現有形式車歴表** ◆

データベース ◆ 現有形式車歴表（全車）

平成26年1月16日現在

1000形車歴4両固定編成

製造区分	車号	車種	入籍	製造
1次車	デハ1401	Muc1	平14.6.29	川重/Siemens
	サハ1402	Tpu1		
	サハ1403	Tps1		
	デハ1404	Msc1		
	デハ1405	Muc1	平14.6.29	川重/Siemens
	サハ1406	Tpu1		
	サハ1407	Tps1		
	デハ1408	Msc1		
2次車	デハ1409	Muc1	平15.7.3	東急/Siemens
	サハ1410	T		
	サハ1411	Tp		
	デハ1412	Msc1		
	デハ1413	Muc1	平15.7.3	川重/Siemens
	サハ1414	T		
	サハ1415	Tp		
	デハ1416	Msc1		
3次車	デハ1417	M1uc1	平17.3.11	東急/Siemens
	デハ1418	M2		
	サハ1419	Tp		
	デハ1420	Msc1		
	デハ1421	M1uc1	平17.3.11	川重/Siemens
	デハ1422	M2		
	サハ1423	Tp		
	デハ1424	Msc1		
4次車	デハ1425	M1uc1	平17.7.26	東急/Siemens
	デハ1426	M2		
	サハ1427	Tp		
	デハ1428	Msc1		
	デハ1429	M1uc1	平17.7.26	川重/Siemens
	デハ1430	M2		
	サハ1431	Tp		
	デハ1432	Msc1		
	デハ1433	M1uc1	平17.8.9	川重/Siemens
	デハ1434	M2		
	サハ1435	Tp		
	デハ1436	Msc1		
	デハ1437	M1uc1	平17.8.9	川重/Siemens
	デハ1438	M2		
	サハ1439	Tp		
	デハ1440	Msc1		
5次車	デハ1441	M1uc1	平18.11.14	川重/Siemens
	デハ1442	M2		
	サハ1443	Tp		
	デハ1444	Msc1		
	デハ1445	M1uc1	平18.11.14	川重/Siemens
	デハ1446	M2		

製造区分	車号	車種	入籍	製造
5次車	サハ1447	Tp	平18.11.14	川重/Siemens
	デハ1448	Msc1		
8次車	デハ1449	M2uc	平20.9.22	川重/東洋
	デハ1450	M1u		
	デハ1451	M1s		
	デハ1452	M2sc		
	デハ1453	M2uc	平20.9.22	川重/東洋
	デハ1454	M1u		
	デハ1455	M1s		
	デハ1456	M2sc		
9次車	デハ1457	M2uc	平21.4.1	川重/東洋
	デハ1458	M1u		
	デハ1459	M1s		
	デハ1460	M2sc		
	デハ1461	M2uc	平21.4.1	川重/東洋
	デハ1462	M1u		
	デハ1463	M1s		
	デハ1464	M2sc		
	デハ1465	M2uc	平21.4.3	川重/東洋
	デハ1466	M1u		
	デハ1467	M1s		
	デハ1468	M2sc		
	デハ1469	M2uc	平21.4.3	川重/東洋
	デハ1470	M1u		
	デハ1471	M1s		
	デハ1472	M2sc		
	デハ1473	M2uc	平21.5.22	川重/東洋
	デハ1474	M1u		
	デハ1475	M1s		
	デハ1476	M2sc		
	デハ1477	M2uc	平21.5.22	川重/東洋
	デハ1478	M1u		
	デハ1479	M1s		
	デハ1480	M2sc		
	デハ1481	M2uc	平21.6.4	川重/東洋
	デハ1482	M1u		
	デハ1483	M1s		
	デハ1484	M2sc		
	デハ1485	M2uc	平21.6.4	川重/東洋
	デハ1486	M1u		
	デハ1487	M1s		
	デハ1488	M2sc		
10次車	デハ1489	M2uc	平23.3.17	川重/東洋
	デハ1490	M1u		
	デハ1491	M1s		
	デハ1492	M2sc		

＊1次車から5次車までのSIVは三菱製

1000形車歴6両固定編成 ①

製造区分	車号	車種	入籍	製造
11次車	デハ1301	M2uc	平23.4.15	川重/東洋
	デハ1302	M1u		
	サハ1303	Tu		
	サハ1304	Ts		
	デハ1305	M1s		
	デハ1306	M2sc		
	デハ1307	M2uc	平23.4.22	川重/東洋
	デハ1308	M1u		
	サハ1309	Tu		
	サハ1310	Ts		

製造区分	車号	車種	入籍	製造
11次車	デハ1311	M1s	平23.4.22	川重/東洋
	デハ1312	M2sc		
	デハ1313	M2uc	平24.3.9	川重/東洋
	デハ1314	M1u		
	サハ1315	Tu		
	サハ1316	Ts		
	デハ1317	M1s		
	デハ1318	M2sc		

177

1000形車歴6両固定編成 ②

製造区分	車号	車種	入籍	製造
12次車	デハ1319	M2uc	平24.4.17	川重/東洋
	デハ1320	M1u		
	サハ1321	Tu		
	サハ1322	Ts		
	デハ1323	M1s		
	デハ1324	M2sc		
	デハ1325	M2uc	平24.4.24	川重/東洋
	デハ1326	M1u		
	サハ1327	Tu		
	サハ1328	Ts		
	デハ1329	M1s		
	デハ1330	M2sc		

製造区分	車号	車種	入籍	製造
13次車	デハ1331	M2uc	平26.1.7	川重/東洋
	デハ1332	M1u		
	サハ1333	Tu		
	サハ1334	Ts		
	デハ1335	M1s		
	デハ1336	M2sc		
	デハ1337	M2uc	平26.3.7 (予定)	川重/東洋
	デハ1338	M1u		
	サハ1339	Tu		
	サハ1340	Ts		
	デハ1341	M1s		
	デハ1342	M2sc		

1000形車歴8両固定編成 ①

製造区分	車号	車種	入籍	製造
1次車	デハ1001	Muc	平14.2.23	東急/Siemens
	サハ1002	Tpu		
	サハ1003	Tu		
	デハ1004	Mu		
	デハ1005	Ms		
	サハ1006	Ts		
	サハ1007	Tps		
	デハ1008	Msc		
	デハ1009	Muc	平14.6.28	東急/Siemens
	サハ1010	Tpu		
	サハ1011	Tu		
	デハ1012	Mu		
	デハ1013	Ms		
	サハ1014	Ts		
	サハ1015	Tps		
	デハ1016	Msc		
	デハ1017	Muc	平14.5.31	川重/Siemens
	サハ1018	Tpu		
	サハ1019	Tu		
	デハ1020	Mu		
	デハ1021	Ms		
	サハ1022	Ts		
	サハ1023	Tps		
	デハ1024	Msc		
2次車	デハ1025	Muc	平15.5.19	東急/Siemens
	サハ1026	Tpu		
	サハ1027	Tu		
	デハ1028	Mu		
	デハ1029	Ms		
	サハ1030	Ts		
	サハ1031	Tps		
	デハ1032	Msc		
	デハ1033	Muc	平15.6.24	川重/Siemens
	サハ1034	Tpu		
	サハ1035	Tu		
	デハ1036	Mu		
	デハ1037	Ms		
	サハ1038	Ts		
	サハ1039	Tps		
	デハ1040	Msc		
3次車	デハ1041	Muc	平17.1.19	東急/Siemens
	サハ1042	Tpu		
	デハ1043	M2u		
	デハ1044	M1u		

製造区分	車号	車種	入籍	製造
3次車	デハ1045	M1s	平17.1.19	東急/Siemens
	デハ1046	M2s		
	サハ1047	Tps		
	デハ1048	Msc		
	デハ1049	Muc	平17.3.1	川重/Siemens
	サハ1050	Tpu		
	デハ1051	M2u		
	デハ1052	M1u		
	デハ1053	M1s		
	デハ1054	M2s		
	サハ1055	Tps		
	デハ1056	Msc		
4次車	デハ1057	Muc	平17.8.30	東急/Siemens
	サハ1058	Tpu		
	デハ1059	M2u		
	デハ1060	M1u		
	デハ1061	M1s		
	デハ1062	M2s		
	サハ1063	Tps		
	デハ1064	Msc		
5次車	デハ1065	Muc	平18.10.30	東急/Siemens
	サハ1066	Tpu		
	デハ1067	M2u		
	デハ1068	M1u		
	デハ1069	M1s		
	デハ1070	M2s		
	サハ1071	Tps		
	デハ1072	Msc		
6次車	デハ1073	M2uc	平19.3.14	東急/三菱
	デハ1074	M1u		
	サハ1075	Tu		
	デハ1076	M1u'		
	デハ1077	M2s		
	デハ1078	Ts		
	デハ1079	M1s		
	デハ1080	M2sc		
7次車	デハ1081	M2uc	平20.1.21	東急/三菱
	デハ1082	M1u		
	サハ1083	Tu		
	デハ1084	M1u'		
	デハ1085	M2s		
	サハ1086	Ts		
	デハ1087	M1s		
	デハ1088	M2sc		

＊1次車から5次車のSIVは三菱製

◆ Database 現有形式車歴表 ◆

1000形車歴8両固定編成 ②

製造区分	車号	車種	入籍	製造	製造区分	車号	車種	入籍	製造
7次車	デハ1089	M2uc	平20. 2. 8	東急/三菱	10次車	デハ1129	M2uc	平22. 6. 2	東急/三菱
	デハ1090	M1u				デハ1130	M1u		
	サハ1091	Tu				サハ1131	Tu		
	デハ1092	M1u'				デハ1132	M1u'		
	デハ1093	M2s				デハ1133	M2s		
	サハ1094	Ts				サハ1134	Ts		
	デハ1095	M1s				デハ1135	M1s		
	デハ1096	M2sc				デハ1136	M2sc		
8次車	デハ1097	M2uc	平20.10.27	東急/三菱		デハ1137	M2uc	平22. 6.21	東急/三菱
	デハ1098	M1u				デハ1138	M1u		
	サハ1099	Tu				サハ1139	Tu		
	デハ1100	M1u'				デハ1140	M1u'		
	デハ1101	M2s				デハ1141	M2s		
	サハ1102	Ts				サハ1142	Ts		
	デハ1103	M1s				デハ1143	M1s		
	デハ1104	M2sc				デハ1144	M2sc		
8次車	デハ1105	M2uc	平20.11.17	東急/三菱	11次車	デハ1145	M2uc	平24. 1.10	東急/三菱
	デハ1106	M1u				デハ1146	M1u		
	サハ1107	Tu				サハ1147	Tu		
	デハ1108	M1u'				デハ1148	M1u'		
	デハ1109	M2s				デハ1149	M2s		
	サハ1110	Ts				サハ1150	Ts		
	デハ1111	M1s				デハ1151	M1s		
	デハ1112	M2sc				デハ1152	M2sc		
	デハ1113	M2uc	平20.12.15	東急/三菱	12次車	デハ1153	M2uc	平24. 4. 6	総合/三菱
	デハ1114	M1u				デハ1154	M1u		
	サハ1115	Tu				サハ1155	Tu		
	デハ1116	M1u'				デハ1156	M1u'		
	デハ1117	M2s				デハ1157	M2s		
	サハ1118	Ts				サハ1158	Ts		
	デハ1119	M1s				デハ1159	M1s		
	デハ1120	M2sc				デハ1160	M2sc		
10次車	デハ1121	M2uc	平22. 5.10	東急/三菱	13次車	デハ1161	M2uc	平25. 8.27	総合/三菱
	デハ1122	M1u				デハ1162	M1u		
	サハ1123	Tu				サハ1163	Tu		
	デハ1124	M1u'				デハ1164	M1u'		
	デハ1125	M2s				デハ1165	M2s		
	サハ1126	Ts				サハ1166	Ts		
	デハ1127	M1s				デハ1167	M1s		
	デハ1128	M2sc				デハ1168	M2sc		

2100形車歴 ①

製造区分	車号	車種	入籍	製造	機器更新	車体更新	製造区分	車号	車種	入籍	製造	機器更新
1次車	デハ2101	Muc	平10. 2. 9	東急	平21. 9. 9	平25. 8.20	2次車	デハ2117	Muc	平10.10.27	川重	平22. 9.24
	サハ2102	T						サハ2118	T			
	サハ2103	Tp						サハ2119	Tp			
	デハ2104	Mu			平21. 9. 9			デハ2120	Mu			平22. 9.24
	デハ2105	Ms			平21. 9. 9			デハ2121	Ms			平22. 9.24
	サハ2106	T						サハ2122	T			
	サハ2107	Tp						サハ2123	Tp			
	デハ2108	Msc			平21. 9. 9			デハ2124	Msc			平22. 9.24
	デハ2109	Muc			平21.12.25			デハ2125	Muc			平22. 6. 9
	サハ2110	T						サハ2126	T			
	サハ2111	Tp						サハ2127	Tp			
	デハ2112	Mu	平10. 3. 4	川重	平21.12.25			デハ2128	Mu	平10.10.19	東急	平22. 6. 9
	デハ2113	Ms			平21.12.25			デハ2129	Ms			平22. 6. 9
	サハ2114	T						サハ2130	T			
	サハ2115	Tp						サハ2131	Tp			
	デハ2116	Msc			平21.12.25			デハ2132	Msc			平22. 6. 9

2100形車歴 ②

製造区分	車号	車種	入籍	製造	機器更新	車体更新
2次車	デハ 2133	Muc	平10.11. 2	東急		
	サハ 2134	T				
	サハ 2135	Tp				
	デハ 2136	Mu				
	デハ 2137	Ms				
	サハ 2138	T				
	サハ 2139	Tp				
	デハ 2140	Msc				
3次車	デハ 2141	Muc	平11. 4.19	東急	平26. 2. 6	
	サハ 2142	T				
	サハ 2143	Tp				
	デハ 2144	Mu			平26. 2. 6	
	デハ 2145	Ms			平26. 2. 6	
	サハ 2146	T				
	サハ 2147	Tp				
	デハ 2148	Msc			平26. 2. 6	
	デハ 2149	Muc	平11. 5.17	東急	平23. 8.18	
	サハ 2150	T				
	サハ 2151	Tp				
	デハ 2152	Mu			平23. 8.18	
	デハ 2153	Ms			平23. 8.18	
	サハ 2154	T				
	サハ 2155	Tp				
	デハ 2156	Msc			平23. 8.18	

製造区分	車号	車種	入籍	製造	機器更新
3次車	デハ 2157	Muc	平11. 5.21	川重	平24. 4. 3
	サハ 2158	T			
	サハ 2159	Tp			
	デハ 2160	Mu			平24. 4. 3
	デハ 2161	Ms			平24. 4. 3
	サハ 2162	T			
	サハ 2163	Tp			
	デハ 2164	Msc			平24. 4. 3
4次車	デハ 2165	Muc	平12.11. 8	川重	平20.12. 3
	サハ 2166	T			
	サハ 2167	Tp			
	デハ 2168	Mu			平20.12. 3
	デハ 2169	Ms			平20.12. 3
	サハ 2170	T			
	サハ 2171	Tp			
	デハ 2172	Msc			平20.12. 3
	デハ 2173	Muc	平12.10.30	東急	平24. 9. 4
	サハ 2174	T			
	サハ 2175	Tp			
	デハ 2176	Mu			平24. 9. 4
	デハ 2177	Ms			平24. 9. 4
	サハ 2178	T			
	サハ 2179	Tp			
	デハ 2180	Msc			平24. 9. 4

＊製造時の主制御器、主電動機は全車Siemens製、SIVは全車三菱製

600形車歴 ①

製造区分	車号	車種	入籍	主要機器製造（製造時）				塗色変更（窓拭覆）	塗色変更（スカート）	座席張替青系→赤系	座席改造（ロング化）	車輌更新
				車体	Cont.	M.M	SIV	空調					
1次車	デハ 601-1	M1c	平6. 3. 1	東急	東洋	東洋		三菱	平 7. 8. 1	平11. 6. 5	平14. 8. 6	平19.12.21	平21. 8.12
	デハ 601-2	M2			東洋	東洋							
	サハ 601-3	Tu					東洋						
	サハ 601-4	Ts					東洋						
	デハ 601-5	M1'			東洋	東洋							
	デハ 601-6	M2			東洋	東洋							
	デハ 601-7	M1			東洋	東洋							
	デハ 601-8	M2c			東洋	東洋			平 7. 8. 1	平11. 6. 5			
	デハ 602-1	M1c	平6. 3.10	川重	三菱	三菱		三菱	平 7. 8.15	平11. 5. 4	平14.10. 2	平22. 2.18	平22. 2.17
	デハ 602-2	M2			三菱	三菱							
	サハ 602-3	Tu					三菱						
	サハ 602-4	Ts					三菱						
	デハ 602-5	M1'			三菱	三菱							
	デハ 602-6	M2			三菱	三菱							
	デハ 602-7	M1			三菱	三菱							
	デハ 602-8	M2c			三菱	三菱			平 7. 8.15	平11. 5. 4			
2次車	デハ 603-1	M1c	平7. 3. 3	東急	東洋	東洋		東芝	平 7. 8.14	平12.10.23	平15.11.25	平19. 2.21	平22. 9.24
	デハ 603-2	M2			東洋	東洋							
	サハ 603-3	Tu					東洋						
	サハ 603-4	Ts					東洋						
	デハ 603-5	M1'			東洋	東洋							
	デハ 603-6	M2			東洋	東洋							
	デハ 603-7	M1			東洋	東洋							
	デハ 603-8	M2c			東洋	東洋			平 7. 8.14	平12.10.23			
	デハ 604-1	M1c	平7. 3.27	川重	三菱	三菱		三菱	平 7. 8.16	平12. 8.23	平15. 7.16	平18.10.16	平24. 3.14
	デハ 604-2	M2			三菱	三菱							
	サハ 604-3	Tu					三菱						
	サハ 604-4	Ts					三菱						
	デハ 604-5	M1'			三菱	三菱							
	デハ 604-6	M2			三菱	三菱							

◆Database 現有形式車歴表◆

600形車歴 ②

製造区分	車号	車種	入籍	主要機器製造（製造時）				塗色変更（窓拭覆）	塗色変更（スカート）	座席張替青系→赤系	座席改造（ロング化）	車輛更新
				車体	Cont.	M.M	SIV	空調				
2次車	デハ604-7	M1	平7.3.27	川重	三菱	三菱		三菱	平7.8.16	平12.8.23	平15.7.16	平18.10.16	平24.3.14
	デハ604-8	M2c			三菱	三菱	三菱						
	デハ605-1	M1c	平7.3.20	東急	東洋	三菱		三菱	平7.8.17	平12.7.17	平15.5.13	平21.3.13	平23.7.21
	デハ605-2	M2			三菱	三菱	三菱						
	サハ605-3	Tu											
	デハ605-4	Ts				三菱							
	デハ605-5	M1'		川重	東洋	三菱							
	デハ605-6	M2			三菱	三菱							
	デハ605-7	M1			東洋	三菱							
	デハ605-8	M2c			三菱	三菱			平7.8.17	平12.7.17			
3次車	デハ606-1	M1c	平7.6.20	東急	東洋	東洋		東芝	平7.8.18		未施工	平17.3.7	平23.3.14
	デハ606-2	M2			東洋	東洋							
	サハ606-3	Tu					東洋						
	デハ606-4	Ts				東洋							
	デハ606-5	M1'			東洋	東洋							
	デハ606-6	M2			東洋	東洋							
	デハ606-7	M1			東洋	東洋							
	デハ606-8	M2c			東洋	東洋			平7.8.18				
3次車	デハ607-1	M1c	平7.6.27	川重	三菱	三菱		三菱	平7.8.4		平16.8.19	平19.7.25	平22.11.12
	デハ607-2	M2			三菱	三菱							
	サハ607-3	Tu					三菱						
	デハ607-4	Ts				三菱							
	デハ607-5	M1'			三菱	三菱							
	デハ607-6	M2			三菱	三菱							
	デハ607-7	M1			三菱	三菱							
	デハ607-8	M2c			三菱	三菱			平7.8.4				
4次車	デハ608-1	Muc	平8.2.9	東急	東洋	三菱		東芝		—	平17.10.24	平17.10.24	平24.7.30 601-1,-4号の制御装置を651-1,-4号と相互交換 東洋→三菱
	サハ608-2	T					東洋						
	サハ608-3	Tp1					東洋						
	デハ608-4	Mu			東洋	三菱							
	デハ608-5	Ms			三菱	三菱							
	サハ608-6	T											
	サハ608-7	Tp1					三菱						
	デハ608-8	Msc			三菱	三菱							
4次車	デハ651-1	Muc	平8.3.4	川重	三菱	三菱		三菱	平12.1.20	—	未施工	平20.3.3	平24.6.29 制御装置を608-1,-4号と相互交換
	サハ651-2	T					三菱						
	サハ651-3	Tp2					三菱						
	デハ651-4	Msc			三菱	三菱			平12.1.20				
	デハ652-1	Muc	平8.3.4	川重	三菱	三菱		三菱	平12.2.29	—	未施工	車輛更新時	平23.11.1
	サハ652-2	T					東洋						
	サハ652-3	Tp2					三菱						
	デハ652-4	Msc			三菱	三菱			平12.2.29				
	デハ653-1	Muc	平8.3.29	川重	三菱	三菱		三菱	平12.3.21	—	未施工	車輛更新時	平25.3.15
	サハ653-2	T					三菱						
	サハ653-3	Tp2					三菱						
	デハ653-4	Msc			三菱	三菱			平12.3.21				
4次車	デハ654-1	Muc	平8.4.1	川重	東洋	三菱		三菱	平12.4.21	—	平16.4.14	未施工	平25.11.11
	サハ654-2	T					三菱						
	サハ654-3	Tp2					三菱						
	デハ654-4	Msc			東洋	三菱			平12.4.21				
	デハ655-1	Muc	平8.5.21	東急	東洋	東洋		東芝	平12.5.9	—	平16.5.18	未施工	平26.3.13（予定）
	サハ655-2	T					東洋						
	サハ655-3	Tp2					東芝						
	デハ655-4	Msc			東洋	東洋			平12.5.9				
	デハ656-1	Muc	平8.5.21	東急	東洋	東洋		東芝	平12.5.24	—	平16.6.10	車輛更新時	平24.10.24
	サハ656-2	T					東芝						
	サハ656-3	Tp2					東芝						
	デハ656-4	Msc			東洋	東洋			平12.5.24				

1500形車歴(1)鋼製車

製造区分	車号	車種	入籍	製造	車両更新
1次車	デハ1501	M1c	昭60. 3.29	東急/東洋	平14. 7.19
	デハ1502	M2			
	デハ1503	M1			
	デハ1504	M2c			
	デハ1505	M1c	昭60. 3.29	東急/東洋	平13. 9.13
	デハ1506	M2			
	デハ1507	M1		川重/東洋	
	デハ1508	M2c			
	デハ1509	M1c	昭60. 3.25	川重/三菱	平14. 3.14
	デハ1510	M2			
	デハ1511	M1			
	デハ1512	M2c			
2次車	デハ1513	M1c	昭61. 7.26	川重/三菱	平13.12.12
	デハ1514	M2			
	デハ1515	M1			
	デハ1516	M2c			
	デハ1517	M1c	昭61. 7.26	川重/東洋	平13. 6.24
	デハ1518	M2			
	デハ1519	M1			
	デハ1520	M2c			

＊SIVは全編成三菱製

1500形車歴(2)アルミ合金チョッパ車①

製造区分	車号	車種	入籍	製造	増圧	車両更新	インバータ化	車種変更改造	改番	(改番実施日)
3次車	デハ1521	M1c	昭63. 1.23	川重/東洋	平 4.10.13	平14. 9.13				
	デハ1522	M2								
	デハ1523	M1		東急/東洋						
	デハ1524	M2c								
4次車	デハ1525	M1c	昭63. 6.27	東急/東洋	平 4.10.23	平16. 3.15				
	デハ1526	M2								
	デハ1527	M1								
	デハ1528	M2c								
	デハ1529	M1c	昭63. 6.27	東急/東洋	平 4.11.27	平16. 9. 8	平23. 8.26			
	デハ1530	M2								
	デハ1531	M1								
	デハ1532	M2c								
5次車	デハ1533	M1c	平 1. 3.22	東急/東洋	平 5. 3.22	平17. 2.21	平24.10.12			
	デハ1534	M2								
	デハ1535	M1		川重/東洋						
	デハ1536	M2c								
6次車	デハ1537	M1c	平 2. 3. 5	川重/東洋	平 2. 3. 5	平17. 7.22	平25. 9. 9			
	デハ1538	M2								
	デハ1539	M1		東急/東洋						
	デハ1540	M2c								
	デハ1541	M1c	平 2. 2.19	東急/東洋	平 2. 2.19	平17.12. 2				
	デハ1542	M2								
	デハ1543	M1								
	デハ1544	M2c								
	デハ1545	M1c	平 2. 2.23	川重/三菱	平 2. 2.23	平18.10.17	平23. 2.22			
	デハ1546	M2								
	デハ1547	M1								
	デハ1548	M2c								
8次車	デハ1549	M1c	平 3. 2.21	東急/三菱	平 3. 2.21	平20. 3.14	平24. 4. 2			
	デハ1550	M2								
	デハ1551	M1								
	デハ1552	M2c								
3次車	デハ1601	M1c	昭63. 1.11	東急/東洋	平 5.12. 1	平15. 3.14	平22. 3.12		→デハ1561	平25.12.17
	デハ1602	M2							→デハ1562	平25.12.17
6次車	サハ1907	Tu	平 1. 7.10		平 5. 2.19	平20. 7.11	ー			
	サハ1908	Ts								
3次車	デハ1603	M1'	昭63. 1.11	東急/東洋	平 5.12. 1	平15. 1.22	平22. 3.12	→サハ1926	→デハ1563	平25.12.17
	デハ1604	M2								
	デハ1605	M1				平15. 3.14		→サハ1925	→デハ1564	平25.12.17
	デハ1606	M2c								
	デハ1607	M1c	昭63. 1.20	川重/三菱	平 6. 7.22	平14.12.10	平22.10. 7		→デハ1565	
	デハ1608	M2							→デハ1566	
6次車	サハ1909	Tu	平 1. 7. 7		平 5. 2. 8	平20.11.11	ー			
	サハ1910	Ts								

1500形車歴(2) アルミ合金チョッパ車②

製造区分	車号	車種	入籍	製造	増圧	車両更新	インバータ化	車種変更改造	改番	(改番実施日)
3次車	デハ 1609	M1'	昭63. 1.20	川重/三菱	平 5.12. 1	平15. 1.22	平22.10. 7	→サハ1928		
	デハ 1610	M2						→サハ1927		
	デハ 1611	M1			平 6. 7.22	平14.12.10				
	デハ 1612	M2c							→デハ 1568	
4次車	デハ 1613	M1c	昭63. 7. 5			平16. 6. 1			→デハ 1569	
	デハ 1614	M2					平19.10.19		→デハ 1570	
5次車	サハ 1901	Tu	平 1. 3.14	川重/三菱		平16. 7.13	平19.10.19			
	サハ 1902	Ts								
4次車	デハ 1615	M1'	昭63. 7. 5		平13. 9.26	平16. 7.13	平23. 8.26	→サハ1932	→デハ 1571	
	デハ 1616	M2						→サハ1931		
	デハ 1617	M1				平16. 6. 1				
	デハ 1618	M2c					平19.10.19		→デハ 1572	
5次車	デハ 1619	M1c	平 1. 3.17			平16.11.18			→デハ 1573	
	デハ 1620	M2					平20. 3.12		→デハ 1574	
	サハ 1903	Tu								
	サハ 1904	Ts			平13. 8.21	平17. 1.14				
4次車	デハ 1621	M1'	昭63. 7. 5					→サハ1942	→デハ 1575	
	デハ 1622	M2					平24. 4. 2	→サハ1941		
	デハ 1623	M1	平 1. 3.17			平16.11.18				
	デハ 1624	M2c					平20. 3.12		→デハ 1576	
5次車	デハ 1625	M1c				平15.11.19			→デハ 1577	
	デハ 1626	M2					平21. 2. 9		→デハ 1578	
	サハ 1905	Tu	平 1. 3.29	東急/東洋	平13. 9. 4	平16. 1.13				
	サハ 1906	Ts								
	デハ 1627	M1'						→サハ1936	→デハ 1579	
	デハ 1628	M2					平25. 9. 9	→サハ1935		
	デハ 1629	M1				平15.11.19				
	デハ 1630	M2c					平21. 2. 9		→デハ 1580	
6次車	デハ 1631	M1c				平15. 8.13			→デハ 1581	
	デハ 1632	M2					平20. 8.27		→デハ 1582	
	サハ 1911	Tu	平 1. 6.27	東急/東洋	平13. 9.14	平15. 6.17				
	サハ 1912	Ts								
	デハ 1633	M1'						→サハ1934	→デハ 1583	
	デハ 1634	M2					平24.10.12	→サハ1933		
	デハ 1635	M1				平15. 8.13				
	デハ 1636	M2c					平20. 8.27		→デハ 1584	
	デハ 1637	M1c				平17. 7. 1	平21. 9. 2		→デハ 1585	平25. 9.30
	デハ 1638	M2							→デハ 1586	平25. 9.30
	サハ 1913	Tu	平 1. 7. 3	川重/三菱	平 5. 1.28	平21. 2.20	—			
	サハ 1914	Ts				—				
	デハ 1639	M1'							→デハ 1587	平25. 9.30
	デハ 1640	M2				平17. 7. 1	平21. 9. 2			
	デハ 1641	M1						→サハ1930		
	デハ 1642	M2c						→サハ1929	→デハ 1588	平25. 9.30
	デハ 1643	M1c							→デハ 1589	
	デハ 1644	M2					平19. 3.12		→デハ 1590	
	サハ 1915	Tu	平 3. 2. 4	東急/東洋	平13. 9.10	平19. 2.21				
	サハ 1916	Ts								
	デハ 1645	M1'							→デハ 1591	
	デハ 1646	M2								
	デハ 1647	M1								
	デハ 1648	M2c					平19. 3.12		→デハ 1592	
9次車	デハ 1649	M1c							→デハ 1593	
	デハ 1650	M2							→デハ 1594	
	サハ 1917	Tu		川重/三菱		平18. 9. 8				
	サハ 1918	Ts	平 3. 2.12		平13.10.12	平18. 7.18				
	デハ 1651	M1'							→デハ 1595	
	デハ 1652	M2					平23. 2.22	→サハ1940		
	デハ 1653	M1						→サハ1939		
	デハ 1654	M2c					平18. 9. 8		→デハ 1596	

＊東洋車のうち1522・1538・1540・1602・1604・1606・1626・1628・1630号のSIVは製造時三菱製。
改番実施日の空欄の車号は予定される車号

1500形車歴(3)アルミ合金VVVF車

製造区分	車号	車種	入籍	製造	車両更新	廃車
8次車	デハ 1701	M1c	平 2.8.24	川重/東洋	平18. 3.14	平25. 9. 6
	デハ 1702	M2				
	サハ 1919	Tu				
	サハ 1920	Ts				
	デハ 1703	M1'		東急/東洋		
	デハ 1704	M2				
	デハ 1705	M1				
	デハ 1706	M2c				
10次車	デハ 1707	M1c	平 4.2.3	東急/東洋	平19.11.22	
	デハ 1708	M2				
	サハ 1921	Tu				
	サハ 1922	Ts				
	デハ 1709	M1'				
	デハ 1710	M2				
	デハ 1711	M1				
	デハ 1712	M2c				
	デハ 1713	M1c	平 4.2.28	川重/三菱	平19. 7.10	
	デハ 1714	M2				
	サハ 1923	Tu				
	サハ 1924	Ts				

製造区分	車号	車種	入籍	製造	車両更新
10次車	デハ 1715	M1'	平 4.2.28	川重/三菱	平19. 7.10
	デハ 1716	M2			
	デハ 1717	M1			
	デハ 1718	M2c			
	デハ 1719	M1c	平 5.2.19	東急/東洋	平20. 7.11
	デハ 1720	M2			
	デハ 1721	M1'			
	デハ 1722	M2			
	デハ 1723	M1			
	デハ 1724	M2c			
11次車	デハ 1725	M1c	平 5.2. 8	東急/東洋	平20.11.11
	デハ 1726	M2			
	デハ 1727	M1'			
	デハ 1728	M2			
	デハ 1729	M1			
	デハ 1730	M2c			
	デハ 1731	M1c	平 5.1.28	川重/三菱	平21. 2.20
	デハ 1732	M2			
	デハ 1733	M1'			
	デハ 1734	M2			
	デハ 1735	M1			
	デハ 1736	M2c			

＊三菱車のうち1713・1717の主制御器は東洋製　　＊増圧は新造時

2000形車歴①

製造区分	車号	車種	入籍	製造	増圧	3扉ロング化	連結器	CP増設	座席更新	廃車
1次車	デハ 2011	M1c	昭57.12.18	東急/東洋	平 5. 4.28	平10. 3.20	平12. 5.13	—	平17. 4.19	
	デハ 2012	M2								
	デハ 2013	M3								
	サハ 2014	Tu								
	サハ 2015	Ts								
	デハ 2016	M1		川重/三菱						
	デハ 2017	M2								
	デハ 2018	M3c					平12. 5.13			
2次車	デハ 2021	M1c	昭59. 5. 7	東急/東洋	平 6.11.14	平10.12.25	平12. 5.13	—	平18.12.12	
	デハ 2022	M2								
	デハ 2023	M3								
	サハ 2024	Tu								
	サハ 2025	Ts								
	デハ 2026	M1								
	デハ 2027	M2								
	デハ 2028	M3c					平12. 5.13			
	デハ 2031	M1c	昭59. 5.14	川重/三菱	平 6. 1.12	平11. 8. 2	平12. 5.14	—	平19. 5. 2	
	デハ 2032	M2								
	デハ 2033	M3								
	サハ 2034	Tu								
	サハ 2035	Ts								
	デハ 2036	M1								
	デハ 2037	M2								
	デハ 2038	M3c					平12. 5.14			
3次車	デハ 2041	M1c	昭60. 2.25	川重/三菱	平 6. 9. 9	平11.12.13	平12. 5.14	—	平19. 8.14	
	デハ 2042	M2								
	デハ 2043	M3								
	サハ 2044	Tu								
	サハ 2045	Ts								
	デハ 2046	M1								
	デハ 2047	M2								
	デハ 2048	M3c					平12. 5.14			
4次車	デハ 2051	M1c	昭61. 2.26	川重/三菱	平 6.12. 2	平12.12.27	平12. 5.14	—	平20.10.16	
	デハ 2052	M2								
	デハ 2053	M3								
	サハ 2054	Tu								
	サハ 2055	Ts								
	デハ 2056	M1								
	デハ 2057	M2								
	デハ 2058	M3c					平12. 5.14			

◆ Database 現有形式車歴表 ◆

2000形車歴 ②

製造区分	車号	車種	入籍	製造	増圧	3扉ロング化	連結器	CP増設	座席更新	廃車
4次車	デハ2061	M1c	昭61. 2.18	東急/東洋	平 5.12.10	平12. 7. 2	平12. 2.23	—	平20. 5.26	
	デハ2062	M2								
	デハ2063	M3								
	サハ2064	Tu								
	サハ2065	Ts								
	デハ2066	M1								
	デハ2067	M2								
	デハ2068	M3c					平12. 2.23			
3次車	デハ2411	M1c	昭60. 3.18	東急/東洋	平 6. 6.24	平10. 7.14	平12. 5.14	平16. 1.13	平18. 8.14	平24. 5. 4
	デハ2412	M2								
	デハ2413	T								
	デハ2414	M3c					平12. 5.14			
	デハ2421	M1c	昭60. 3.18	東急/東洋	平 5. 7.28	平11. 3.19	平12. 5.13	平15.12.17	平19. 3.14	平24. 5. 4
	デハ2422	M2								
	サハ2423	T								
	デハ2424	M3c					平12. 5.13			
4次車	デハ2431	M1c	昭61. 3.10	東急/東洋	平 7. 3.10	平12. 7.24	平12. 4. 6	平15.12.26	平20. 7.30	平24. 5. 4
	デハ2432	M2								
	サハ2433	T								
	デハ2434	M3c					平12. 4. 6			
	デハ2441	M1c	昭61. 3.10	川重/三菱	平 5. 9. 3	平12.10.17	平12. 5.14	平16. 3.15	平21. 3.12	
	デハ2442	M2								
	サハ2443	T								
	デハ2444	M3c					平12. 5.14			
5次車	デハ2451	M1c	昭62. 6.29	川重/三菱	平 6. 6.29	平11. 8.10	平12. 5.13	平16. 1.22	平19. 4.11	
	デハ2452	M2								
	サハ2453	T								
	デハ2454	M3c					平12. 5.13			
	デハ2461	M1c	昭62. 6.29	東急/東洋	平 6. 4.14	平12. 2.20	平12. 5.14	平15.12. 3	平18. 9. 5	
	デハ2462	M2								
	サハ2463	T								
	デハ2464	M3c					平12. 5.14			

二代目800形車歴 (1)

製造区分	車号	車種	入籍	製造	塗装変更	車両更新(改造)	廃車
1次車	デハ801-1	M1c	昭53.12.26	東急/東洋	昭59. 7. 5	平 6.11.30	平23. 4.25
	デハ801-2	M2				→M3'(中間車化)	
	デハ801-3	M3c				→M1'(中間車化)	
	デハ802-1	M1c	昭54. 1.22	東急/東洋	昭59. 7. 5		
	デハ802-2	M2					
	デハ802-3	M3c					
	デハ803-1	M1c	昭53.12.26	川重/三菱	昭59. 8. 3	平 7. 2.16	平23. 5. 2
	デハ803-2	M2				→M3'(中間車化)	
	デハ803-3	M3c				→M1'(中間車化)	
	デハ804-1	M1c	昭53.12.26	川重/三菱	昭59. 8. 3		
	デハ804-2	M2					
	デハ804-3	M3c					
2次車	デハ805-1	M1c	昭54. 6.23	東急/東洋	昭58. 5. 5	平 7. 6. 8	平26. 1.16
	デハ805-2	M2				→M3'(中間車化)	
	デハ805-3	M3c				→M1'(中間車化)	
	デハ806-1	M1c	昭54. 6.23	東急/東洋	昭58. 5. 5		
	デハ806-2	M2					
	デハ806-3	M3c					
3次車	デハ807-1	M1c	昭54.11. 6	東急/東洋	昭58. 9. 9	平 7. 9.14	平26. 3.18 (予定)
	デハ807-2	M2				→M3'(中間車化)	
	デハ807-3	M3c				→M1'(中間車化)	
	デハ808-1	M1c	昭54.11. 6	東急/東洋	昭58. 9. 9		
	デハ808-2	M2					
	デハ808-3	M3c					
	デハ809-1	M1c	昭54.11. 6	川重/三菱	昭58.10.22	平 7.11.29	平24. 3.19
	デハ809-2	M2				→M3'(中間車化)	
	デハ809-3	M3c				→M1'(中間車化)	
	デハ810-1	M1c	昭54.11. 6	川重/三菱	昭58.10.22		
	デハ810-2	M2					
	デハ810-3	M3c					

185

二代目800形車歴(2) ①

製造区分	車号	車種	入籍	製造	中間車増備および改番					塗装変更	車両更新
					製造区分	車号	車種	製造	入籍日		
3次車	デハ 811-1 デハ 811-2	M1c M2	昭54.11.6	川重/三菱						昭58.11.8	平11.3.9
					8次車	デハ 811-3 デハ 811-4 デハ 811-5	M3 M1 M2	東急/東洋	昭61.8.28		
	デハ 811-3	M3c	昭54.11.6	川重/三菱	→	デハ 811-6	昭61.8.28改番			昭58.11.8	
	デハ 812-1 デハ 812-2	M1c M2	昭54.11.6	川重/三菱						昭58.11.8	平12.5.2
					8次車	デハ 812-3 デハ 812-4 デハ 812-5	M3 M1 M2	東急/東洋	昭61.8.12		
	デハ 812-3	M3c	昭54.11.6	川重/三菱	→	デハ 812-6	昭61.8.12改番			昭58.11.8	
4次車	デハ 813-1 デハ 813-2	M1c M2	昭55.3.7	東急/東洋						昭59.3.9	平10.11.18
					6次車	デハ 813-3 デハ 813-4 デハ 813-5	M3 M1 M2	東急/東洋	昭57.3.26		
	デハ 813-3	M3c	昭55.3.7	東急/東洋	→	デハ 813-6	昭57.2.18改番				
	デハ 814-1 デハ 814-2	M1c M2	昭55.3.7	東急/東洋						昭59.2.23	平8.3.19
					6次車	デハ 814-3 デハ 814-4 デハ 814-5	M3 M1 M2	東急/東洋	昭57.3.26		
	デハ 814-3	M3c	昭55.3.7	東急/東洋	→	デハ 814-6	昭57.2.18改番				
	デハ 815-1 デハ 815-2	M1c M2	昭55.3.7	東急/東洋						昭59.1.11	平8.9.5
					6次車	デハ 815-3 デハ 815-4 デハ 815-5	M3 M1 M2	東急/東洋	昭57.3.10		
	デハ 815-3	M3c	昭55.3.7	東急/東洋	→	デハ 815-6	昭57.2.18改番				
	デハ 816-1 デハ 816-2	M1c M2	昭55.3.7	川重/三菱						昭59.2.9	平9.3.11
					6次車	デハ 816-3 デハ 816-4 デハ 816-5	M3 M1 M2	川重/三菱	昭57.3.10		
	デハ 816-3	M3c	昭55.3.7	川重/三菱	→	デハ 816-6	昭57.2.18改番				
	デハ 817-1 デハ 817-2	M1c M2	昭55.3.7	川重/三菱						昭58.11.22	平9.12.2
					6次車	デハ 817-3 デハ 817-4 デハ 817-5	M3 M1 M2	川重/三菱	昭57.3.1		
	デハ 817-3	M3c	昭55.3.7	川重/三菱	→	デハ 817-6	昭57.2.18改番				
	デハ 818-1 デハ 818-2	M1c M2	昭55.3.7	東急/東洋						昭58.12.21	平10.3.10
					6次車	デハ 818-3 デハ 818-4 デハ 818-5	M3 M1 M2	川重/三菱	昭57.3.1		
	デハ 818-3	M3c	昭55.3.7	東急/東洋	→	デハ 818-6	昭57.2.18改番				
5次車	デハ 819-1 デハ 819-2	M1c M2	昭56.4.1	東急/東洋						昭59.10.16	平9.1.8
					6次車	デハ 819-3 デハ 819-4 デハ 819-5	M3 M1 M2	東急/東洋	昭57.3.10		
	デハ 819-3	M3c	昭56.4.1	東急/東洋	→	デハ 819-6	昭57.2.18改番				
	デハ 820-1 デハ 820-2	M1c M2	昭56.4.1	東急/東洋						昭57.12.22	平9.9.3
					7次車	デハ 820-3 デハ 820-4 デハ 820-5	M3 M1 M2	東急/東洋	昭58.2.25		
	デハ 820-3	M3c	昭56.4.1	東急/東洋	→	デハ 820-6	昭58.1.28改番			昭57.12.22	

◆Database 現有形式車歴表◆

二代目800形車歴(2)②

製造区分	車号	車種	入籍	製造	中間車増備および改番				塗装変更	車両更新
					製造区分	車号	車種	製造	入籍日		

製造区分	車号	車種	入籍	製造	製造区分	車号	車種	製造	入籍日	塗装変更	車両更新
5次車	デハ 821-1	M1c	昭56. 4. 1	東急/東洋						昭57.12.22	平12. 1.13
	デハ 821-2	M2			7次車	デハ 821-3	M3	東急/東洋	昭58. 2.25		
						デハ 821-4	M1				
						デハ 821-5	M2				
	デハ 821-3	M3c	昭56. 4. 1	東急/東洋	→	デハ 821-6	昭58.1.28改番			昭57.12.22	
	デハ 822-1	M1c	昭56. 4. 1	東急/東洋						昭58. 2. 2	平10. 6. 3
	デハ 822-2	M2			7次車	デハ 822-3	M3	川重/三菱	昭58. 3.18		
						デハ 822-4	M1				
						デハ 822-5	M2				
	デハ 822-3	M3c	昭56. 4. 1	東急/東洋	→	デハ 822-6	昭58.1.28改番			昭58. 2. 2	
	デハ 823-1	M1c	昭56. 4. 1	川重/三菱						昭58. 1.18	平13. 6. 6
	デハ 823-2	M2			6次車	デハ 823-3	M3	川重/三菱	昭57. 2.19		
						デハ 823-4	M1				
						デハ 823-5	M2				
	デハ 823-3	M3c	昭56. 4. 1	川重/三菱	→	デハ 823-6	昭57.2.18改番				
	デハ 824-1	M1c	昭56. 4. 1	川重/三菱						昭58. 2. 2	平13. 3.12
	デハ 824-2	M2			7次車	デハ 824-3	M3	川重/三菱	昭58. 3.18		
						デハ 824-4	M1				
						デハ 824-5	M2				
	デハ 824-3	M3c	昭56. 4. 1	川重/三菱	→	デハ 824-6	昭58.1.25改番			昭58. 2. 2	
	デハ 825-1	M1c	昭56. 4. 1	川重/三菱						昭58. 2.21	平12. 9.18
	デハ 825-2	M2			8次車	デハ 825-3	M3	東急/東洋	昭61. 8.25		
						デハ 825-4	M1				
						デハ 825-5	M2				
	デハ 825-3	M3c	昭56. 4. 1	川重/三菱	→	デハ 825-6	昭61.8.18改番			昭58. 2.21	

二代目800形車歴(3)

製造区分	車号	車種	入籍	製造	車両更新	転落防止幌
8次車	デハ 826-1	M1c	昭61. 9. 1	東急/東洋	平13. 8.30	平16.10.29
	デハ 826-2	M2				
	デハ 826-3	M3				
	デハ 826-4	M1				
	デハ 826-5	M2				
	デハ 826-6	M3c				
	デハ 827-1	M1c	昭61. 8.25	東急/東洋	平14. 3.12	平16.11.12
	デハ 827-2	M2				
	デハ 827-3	M3				
	デハ 827-4	M1				
	デハ 827-5	M2				
	デハ 827-6	M3c				

貨車車歴

形式番号	車種	入籍	改造(製造)	荷台側板取付シャッター設置	主制御装置交換	クレーン撤去	荷台改造	形式変更	コンテナ搭載	チョッパ化	廃車
クト 1	cTc	平 2. 2.21	東急/東洋	平12. 2.10	—	平17. 9. 1	—		平19. 1.18	—	平22 .6.30
クト 2	cTc	平 2. 2.21		平12. 3. 7		平17.12. 6			平18.12.11		平23. 3.29
デト11	M2c	昭63. 7.18	東急/東洋	—	—	—	—		—	平22. 9.30	
デト12	M1c										
デト15	M2c	昭63.12. 6	東急/東洋	平12. 4. 6	—	平18. 3. 3	→ デト15		—	平23. 3. 4	
デト16	M1c						→ デト16				
デチ17	M2c	平 1. 8. 8	東急/東洋	平10. 5.20	—	平15. 3.14	→ デト17		—	平22. 6.18	
デチ18	M1c						→ デト18				

187

データベース ◆ 廃車一覧表

二代目700形廃車一覧

年　度	廃車数	総数	車輌番号				年　月　日	備　　考
平成9年度	8	76	715	785	786	716	平10. 3.31	
			717	787	788	718	平10. 3.31	
平成10年度	16	60	711	781	782	712	平10.12.16	
			713	783	784	714	平10.12.16	
			719	789	790	720	平10.12.16	
			721	791	792	722	平10.12.16	
平成11年度	16	44	707	777	778	708	平12. 3.10	
			709	779	780	710	平12. 3.10	
			725	795	796	726	平12. 3.10	
			729	799	770	730	平12. 3.10	
平成14年度	12	32	705	775	776	706	平14. 7.19	705→琴電1202・706→琴電1201
			727	797	798	728	平14. 7.19	727→琴電1204・728→琴電1203
			731	761	762	732	平14. 7.26	731→琴電1206・732→琴電1205
平成15年度	8	24	733	763	764	734	平15. 8.15	733→琴電1208・734→琴電1207
			737	767	768	738	平16. 3. 5	737→琴電1210・738→琴電1209
平成16年度	12	12	701	771	772	702	平17. 3.10	701→琴電1212・702→琴電1211
			703	773	774	704	平17. 3.10	703→琴電1214・704→琴電1213
			723	793	794	724	平17. 3.31	723→琴電1216・724→琴電1215
平成17年度	12	0	735	765	766	736	平17.11.30	725→琴電1218・706→琴電1217
			739	769	760	740	平17.11.30	739→琴電1220・740→琴電1219
			741	751	752	742	平17.11.30	741→琴電1222・742→琴電1221

初代1000形廃車一覧 ①

年　度	廃車数	総数	車輌番号							年　月　日	備　　考
昭和61年度	4	352	1049	1050	1051	1052				昭61. 8.31	1052→赤い電車
昭和62年度	4	348	1095	1096						昭63. 1.31	デト12-11
			1097	1098						昭63. 1.31	デチ16-15
昭和63年度	20	328	1009	1010	1011	1012				昭63. 8.14	1010.1011→琴電1081.1082
			1029	1030	1031	1032				昭63.10.31	→京急車輌→京成電鉄
			1037	1038	1039	1040				昭63.11.14	→京急車輌→京成電鉄
			1001	1002	1003	1004				平 1. 3.31	デチ17.18部品
			1017	1018	1019	1020				平 1. 3.31	1017-1018→デチ18-17・1019.1020→琴電1083.1084
平成元年度	12	316	1021	1022	1023	1024				平 1. 8.21	1021.1022→クト1.2・1023.1024→琴電1085.1086
			1033	1034	1035	1036				平 1. 9.30	クト1.2部品
			1025	1026	1027	1028				平 1.12.17	1027.1028→琴電1085.1088
平成2年度	28	286	1013	1014	1015	1016				平 2. 4.15	
			1045	1046	1047	1048				平 2. 8.20	1047.1048→琴電1089.1090
			1005	1006	1007	1008				平 2.12.20	
			1107	1108				1117	1118	平 2.12.20	→北総開発鉄道
			1113	1114	1115	1116	1109	1110	1111	1112	平 3. 2. 9	→北総開発鉄道
			1041	1042	1043	1044				平 3. 3.25	1043.1044→琴電1091.1092
平成3年度	8	278	1057	1058	1059	1060				平 4. 3.25	
			1065	1066	1067	1068				平 4. 3.25	
平成4年度	8	270	1053	1054	1055	1056				平 5. 3.25	
			1061	1062	1063	1064				平 5. 3.25	
平成5年度	4	266	1137	1138				1141	1142	平 6. 3.30	
平成6年度	24	242	1069					1070		平 7. 3.31	
			1101	1102	1103	1104		1105	1106	平 7. 3.31	
			1119	1120	1121	1122		1123	1124	平 7. 3.31	
							1127	1228		平 7. 3.31	
			1131	1132	1133	1134		1135	1136	平 7. 3.31	
							1169	1170		平 7. 3.31	

◆ Database 廃車一覧表 ◆

初代1000形廃車一覧 ②

年　　度	廃車数	総数	車輌番号								年　月　日	備　・　考
平成7年度	16	226	1161	1162	1163	1164	1175	1176	1165	1166	平 7. 6.30	
			1077							1078	平 8. 3. 1	
			1075							1076	平 8. 3.31	
			1125	1126					1129	1130	平 8. 3.31	
平成8年度	12	214				1073				1074	平 8. 5.31	
			1167	1168					1171	1172	平 8. 5.31	
			1191	1192	1193	1194			1195	1196	平 8. 5.31	
平成9年度	8	206	1155	1156	1177	1174	1157	1158	1159	1160	平10. 3.31	
平成10年度	2	204					1181	1182			平11. 3. 1	
平成11年度	14	190	1201	1202	1203	1204			1205	1206	平11. 4.28	
							1151	1152			平12. 3. 1	
			1185	1186	1187	1188			1189	1190	平12. 3. 1	1185→赤い電車
平成12年度	14	176	1143	1144	1139	1140	1145	1146	1147	1148	平12.11.10	
			1207	1208	1209	1210			1211	1212	平12.11.20	
平成13年度	8	168	1231	1232	1215	1216	1233	1234	1235	1236	平14. 3.24	
平成14年度	14	154	1225	1226	1227	1228			1229	1230	平14. 7.26	
			1237	1238	1239	1240			1241	1242	平14. 7.26	
			1173							1178	平14.12.25	
平成15年度	12	142			1221	1222					平15. 7. 9	
					1183	1180					平15. 7. 9	
			1149	1150					1153	1154	平15. 8.15	
			1213	1214					1217	1218	平15. 8.15	
平成16年度	16	126	1179						1184		平17. 2.10	
			1071						1072		平17. 3.31	
			1219	1220					1223	1224	平17. 3.31	
			1283	1284	1285	1286	1287	1288	1289	1290	平17. 3.31	
平成17年度	12	114	1301	1302					1303	1304	平18. 1.10	
			1251	1252	1253	1254	1255	1256	1257	1258	平18. 3.15	
平成18年度	16	98	1313	1314					1315	1316	平19. 1.26	1313-1316→琴電1301-1302
			1259	1260	1261	1262			1265	1266	平19. 3. 9	
			1291	1292	1293	1294			1297	1298	平19. 3. 9	1291-1298→琴電1303-1304
平成19年度	16	84					1263	1264			平19.10. 5	
			1267	1268	1269	1270	1271	1272	1273	1274	平20. 2. 3	
			1337	1338			1277	1278	1339	1340	平20. 3. 7	
平成20年度	32	52	1275	1276					1281	1282	平20.10.26	
			1341	1342					1343	1344	平20.11.29	
			1333	1330	1331	1334			1335	1336	平20.12. 6	
			1309	1310	1279	1280			1311	1312	平20.12.24	
			1321	1322					1323	1324	平20.12.24	
			1317	1318					1319	1320	平21. 3.31	
			1325	1326					1327	1328	平21. 3.31	
平成21年度	32	20	1381	1352	1353				1382		平21. 6. 4	
			1329	1354	1359				1332		平21. 6. 4	
			1357	1358	1377	1378			1361	1362	平21. 6.17	
			1363	1364	1247	1248			1367	1368	平21.10. 6	
			1369	1370	1371	1372			1373	1374	平21.10. 6	
			1375	1376	1365	1366			1379	1380	平22. 3.14	
平成22年度	20	0			1360	1355					平22. 5.19	
			1243	1244	1245	1246			1249	1250	平22. 6.14	1243-1250→琴電1307-1308
			1305	1306					1307	1308	平22. 6.30	1305-1308→琴電1305-1306
			1345	1346			1295	1296	1347	1348	平22. 6.30	
			1351							1356	平23. 3.29	保留

189

●表示器字幕一覧表

	(種)新字幕 (800)	(種)新字幕 (2000)	(種)新字幕2 (✈急行対応)	(種)新字幕3 (✈急行 ・アクセス対応)	(種)新字幕4 (✈急行 ・アクセス対応)	(種)新字幕4 (✈急行 ・アクセス対応)
1	特急	特急	特急	特急	特急	特急
2	(黒幕)	(黒幕)	✈急行	✈急行	✈急行	✈急行
3	快特	快特	快特	快特	快特	快特
4	急行	急行	急行	急行	急行	急行
5	普通	普通	普通	普通	普通	普通
6		✈急行	快速	快速	快速	快速
7			(黒幕)	(黒幕)	(黒幕)	(黒幕)
8	特急	特急	✈快特(緑)	✈快特(緑)	✈快特(橙)	✈快特(橙)
9	急行	急行	✈快速	✈快速	(白幕)	✈快速
10	普通	普通	Wing	Wing	Wing	Wing
11				アクセス特急	アクセス特急	アクセス特急
12				✈アクセス特急	✈アクセス特急	✈アクセス特急

	新字幕 (800・2000)	新字幕 (800・2000)	新字幕2 (佐倉対応)	新字幕2 (佐倉対応)	新字幕2 (佐倉対応)	新字幕2 (佐倉対応)
1	試運転	試運転	試運転　試運転	試運転	試運転	試運転
2	貸切	貸切	品川方面　泉岳寺	品川方面　泉岳寺	品川方面　泉岳寺	品川方面　泉岳寺
3	回送	回送	泉岳寺	泉岳寺	泉岳寺	泉岳寺
4	京急川崎	京急川崎	京急川崎	京急川崎	京急川崎	京急川崎
5	神奈川新町	神奈川新町	神奈川新町	神奈川新町	神奈川新町	神奈川新町
6	金沢文庫	金沢文庫	横浜	横浜	横浜	横浜
7	浦賀	浦賀	上大岡	上大岡	上大岡	上大岡
8	京急久里浜	京急久里浜	金沢文庫	金沢文庫	金沢文庫	金沢文庫
9	品川	品川	金沢八景	金沢八景	金沢八景	金沢八景
10			新逗子	新逗子	新逗子	新逗子
11	(黒幕)	(黒幕)	堀ノ内	堀ノ内	堀ノ内	堀ノ内
12	回送	回送	浦賀	浦賀	浦賀	浦賀
13	三浦海岸	三浦海岸	三浦海岸	三浦海岸	三浦海岸	三浦海岸
14	三崎口	三崎口	京急久里浜	京急久里浜	京急久里浜	京急久里浜
15	羽田空港	羽田空港	三崎口	三崎口	三崎口	三崎口
16	平和島	平和島	品川	品川	品川	品川
17	京急蒲田	京急蒲田	京急蒲田	京急蒲田	京急蒲田	京急蒲田
18	横浜	横浜	羽田空港	羽田空港	羽田空港	羽田空港
19	上大岡	上大岡	京急蒲田⇔羽田空港	京急蒲田⇔羽田空港	京急蒲田⇔羽田空港	京急蒲田⇔羽田空港
20	金沢八景	金沢八景	京急川崎⇔小島新田	京急川崎⇔小島新田	京急川崎⇔小島新田	京急川崎⇔小島新田
21	堀ノ内	堀ノ内	新逗子⇔金沢八景	新逗子⇔金沢八景	新逗子⇔金沢八景	新逗子⇔金沢八景
22	京急蒲田⇔羽田空港	京急蒲田⇔羽田空港	(黒幕)		(黒幕)	
23	京急川崎⇔小島新田	京急川崎⇔小島新田	回送	回送	回送	回送
24	新逗子	新逗子	西馬込	西馬込	西馬込	西馬込
25	新逗子⇔金沢八景	新逗子⇔金沢八景	浅草橋	浅草橋	浅草橋	浅草橋

	新字幕 (800・2000)	新字幕 (800・2000)	新字幕2 (佐倉対応)	新字幕2 (佐倉対応)	新字幕2 (佐倉対応)	新字幕2 (佐倉対応)
26			押上	押上	押上	押上
27			青砥	青砥	青砥	青砥
28			高砂	高砂	高砂	高砂
29			成田空港	成田空港	成田空港	成田空港
30			成田	成田	成田	成田
31			上野	上野	上野	上野
32			成田空港方面　佐倉	成田空港方面　佐倉	成田空港方面　佐倉	成田空港方面　佐倉
33			佐倉	佐倉	佐倉	佐倉
34			品川・日本橋方面 印西牧の原	品川・日本橋方面 印西牧の原	品川・日本橋方面 印西牧の原	品川・日本橋方面 印西牧の原
35			印西牧の原	印西牧の原	印西牧の原	印西牧の原
36			品川・日本橋方面 印旛日本医大	品川・日本橋方面 印旛日本医大	品川・日本橋方面 印旛日本医大	品川・日本橋方面 印旛日本医大
37			印旛日本医大	印旛日本医大	印旛日本医大	印旛日本医大
38						
39			貸切	貸切	貸切	貸切
40			ウィング	ウィング	ウィング	ウィング

あとがき

　この10年、京急は大きく変わったというのが率直な印象です。ステンレス鋼製の車輌が目に見えて増え、新しいATS（C-ATS）の導入で、走りも幾分マイルドになった感じがします。それにもまして、輸送の軸を都心と横浜の二方面から、国際化した羽田空港へのアクセスを磐石なものとした列車運行は、賞賛に値するものではないでしょうか。

　起点駅の品川は、平成26（2014）年度末にJR東日本の上野－東京間の東北縦貫線の開業に加え、リニア中央新幹線の東京起点に決まり、一段と首都圏広域交通網の拠点としての重要性が高まりました。

　また、周辺の高輪地区の再開発が本格化して、今後平成32（2020）年、東京オリンピック開催に向けて、都市インフラの再構築に弾みがかかりそうです。しかしながら、鉄道では、他社で空港アクセスに向け新たな路線の計画が浮上しており、京急は現状で安閑としていられないのも事実です。

　一方で、人口減少の傾向にある横須賀、三浦地区などに忍び寄る少子高齢化社会に、施設や車輌などのハード面に加えて、どこから乗っても着席チャンスが得られ、少ない乗り換えで目的地までスムーズに行ける列車運行をはじめとした、ソフト面とも連携したバリアフリー化が求められる時代が訪れるのも現実です。

　アイデア満載の600形や、ハイグレードな2100形を生み出した京急。これからも沿線でカメラを向けるファンが消えることのないような、魅力的な京急であり続けるよう、時代要求にどのように対応し変化していくのか、平成30（2018）年の創立120周年という節目の年に向けて、これからも目の離せない京急です。

|著者プロフィール　佐藤良介(さとう　りょうすけ)|

昭和26(1951)年横須賀生まれ。杉山裕治、米末彰両氏とともに「クリエイティブ129」として『京急電車68/78』、『京急電車史戦後編Ⅰ』、『京急ロマンスカー』などの編集にたずさわる。吉川文夫氏と共著『京浜急行電車と駅の物語』の駅物語を担当。キャンブックス『京急クロスシート車の系譜』、『京急の車両』、『京急の駅 今昔』、『京急1000形半世紀のあゆみ』を企画・執筆。近著に『京急400・500形(上)(中)(下)』(ネコ・パブリッシング)がある。京濱・湘南電鐵を語る会である「湘南会」を主宰。

● 協力(写真提供・取材)
京浜急行株式会社
総務部　広報課
運転車両部　運転課
運転車両部　車両課

● 資料・写真および協力者
川波伊知郎・杉山裕治・南雲康夫・福井紘一
※特記以外の写真は筆者撮影

● 編集協力
西村海香・大内 渉

● デザイン・DTP
ブレスデザイン／吉田了介(DTP協力：髙橋知子・藤枝侑夏・寺田聖花)
作図協力：齊藤あずさ

キャンブックス
京急電車の運転と車両探見
向上した羽田空港アクセスと車両の現況

著　者　佐藤良介
発行人　秋田　守
発行所　JTBパブリッシング
〒162-8446 東京都新宿区払方町25-5
http://www.jtbpublishing.com
☎〇三・六八八八・七八四五
出版事業本部企画出版部第一編集部
本書内容についてのお問合せは
☎〇三・六八八八・七八九三
図書のご注文は
営業部直販課
印刷所　祥美印刷
©Ryosuke Sato 2014
禁無断転載・複製 133409
Printed in Japan 374170
ISBN 978-4-533-09705-8 C2065
○乱丁・落丁はお取り替えいたします
○旅とおでかけ旬情報 http://rurubu.com/

読んで楽しむビジュアル本 キャンブックス

鉄道

鉄道廃線跡を歩く Ⅰ～Ⅹ 完結編
鉄道未成線を歩く
私鉄廃線25年
私鉄の廃線跡を歩く 私鉄編
 Ⅰ 北海道・東北編
 Ⅱ 関東・信州・東海編
 Ⅲ 北陸・上越・近畿編
 Ⅳ 中国・四国・九州編
全国歴史保存鉄道
アルプス・チロルの鉄道
台湾鉄道の旅
世界のLRT／世界の駅
世界のハイスピードトレイン
駅舎 再発見／駅旅のススメ
現役蒸気機関車のすべて
遙かなり C56／全国森林鉄道
地形図でたどる鉄道史
時刻表でたどる鉄道史 東日本編
時刻表でたどる鉄道史 西日本編
時刻表でたどる特急・急行史
時刻表でたどる夜行列車の歴史
時刻表でたどる新幹線発達史
〈国鉄・JR〉電化と複線化発達史
時刻表に見る〈国鉄・JR〉列車編成史
鉄道考古学を歩く
戦中・戦後の鉄道
昭和を走った列車物語
東京駅歴史探見
東京市電名所図絵
横浜の鉄道物語
札幌市電物語
山手線 ウグイス色の電車 今昔50年

中央線 オレンジ色の電車 今昔50年
都電が走った街 今昔 Ⅰ／Ⅱ
横浜市電が走った街 今昔
玉電が走った街
京都市電が走った街 今昔
名古屋市電が走った街 今昔
大阪市電が走った街 今昔
京都市電が走った街 今昔
伊予鉄が走る街 今昔
土佐電が走る街 今昔
広電が走る街 今昔
長崎「電車」が走る街 今昔
熊本市電が走る街 今昔
鹿児島市電が走る街 今昔
日本の路面電車 Ⅰ／Ⅱ／Ⅲ
東京 電車のある風景
名古屋近郊 電車のある風景 今昔 Ⅰ／Ⅱ
関西 電車のある風景 今昔 Ⅰ
関西 鉄道考古学散歩 改訂新版
関西新快速物語
東海道新幹線
東海道線黄金時代 電車特急と航空機
山陽新幹線／山陽鉄道物語
ジョイフルトレイン図鑑
京成の駅 今昔・昭和の面影
総武線120年のあゆみ
伊豆箱根鉄道125年のあゆみ
箱根登山鉄道125年のあゆみ
江ノ電-懐かしの電車名鑑
小田急ロマンスカー
小田急の駅 今昔・昭和の面影
関西私鉄まるごと探見 西日本編
関東私鉄まるごと探見 東日本編
大手私鉄比較探見
武蔵野線まるごと探見
京王電鉄まるごと探見
西武鉄道まるごと探見
東急ステンレスカーのあゆみ
東急の駅 今昔・昭和の面影
東急電鉄まるごと探見
京急の駅 今昔・昭和の面影
京急1000形 半世紀のあゆみ
京急電車の運転と車両探見
京急クロスシート車の系譜
京急の車両

名鉄 名称列車の軌跡
名鉄パノラマカー
名鉄パノラマカー栄光の半世紀
日本のパノラマ展望車
名鉄600V線の廃線を歩く
名鉄の廃線を歩く
京阪特急／近鉄特急 上／下
京阪特急 昭和ノスタルジー
近鉄の廃線を歩く／阪急電車
阪神電車／南海電車
琴電-古典電車の楽園
琴電100年のあゆみ
ことでん長尾線のレトロ電車
103系物語／485系物語
581・583系物語／DD51物語
キハ82物語／キハ58物語
キハ47物語／キハ181物語
111・113系物語 直流電車編
103系物語
国鉄特急電車物語
国鉄急行電車物語
寝台急行「銀河」物語
ブルートレイン

日本の電車物語 旧性能電車編
日本の電車物語 新性能電車編
九州特急物語
幻の国鉄車両
私鉄機関車30年／旧型国電50年Ⅱ
私鉄気動車30年
ローカル私鉄車輌20年
 東日本編／西日本編
 路面電車・中小私鉄編
全国鉄道鋼製客車Ⅰ／Ⅱ
国鉄・JR 特急列車100年 今昔
国鉄・JR 悲運の車両たち
国鉄連絡船細見
時刻表1000号物語
国鉄特急列車時代
軽便鉄道の時代
永遠の蒸気機関車 Cの時代
鉄道メカニズム探究

〈キャンDVDブックス〉
京急おもしろ運転徹底探見
東急おもしろ運転徹底探見
小田急おもしろ運転徹底探見
黒岩保美 蒸気機関車の世界
追憶 新幹線0系
SLばんえつ物語号の旅
西の鉄路を駆け抜けた
 ブルートレイン＆583系
①北海道編／②本州編〈其の壱〉
③本州編〈其の弐〉・九州編

交通

絵葉書に見る交通風俗史
横浜大桟橋物語／YS-11物語

るるぶの書棚　http://rurubu.com/book/
TEL 03-6888-7893　FAX 03-6888-7829

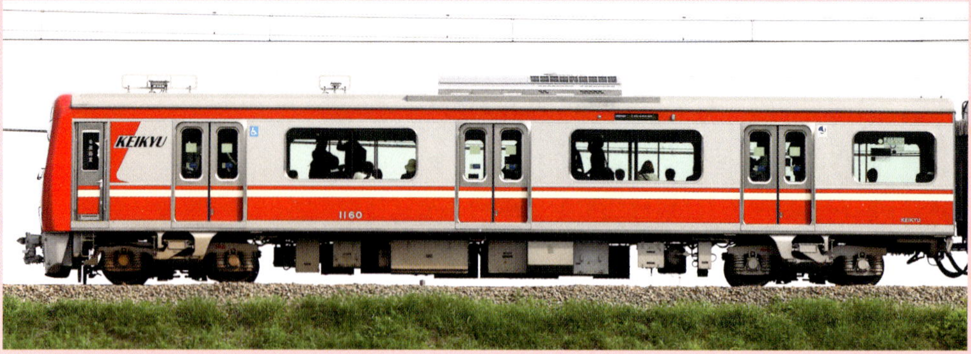
KEIKYU
1160
KEIKYU

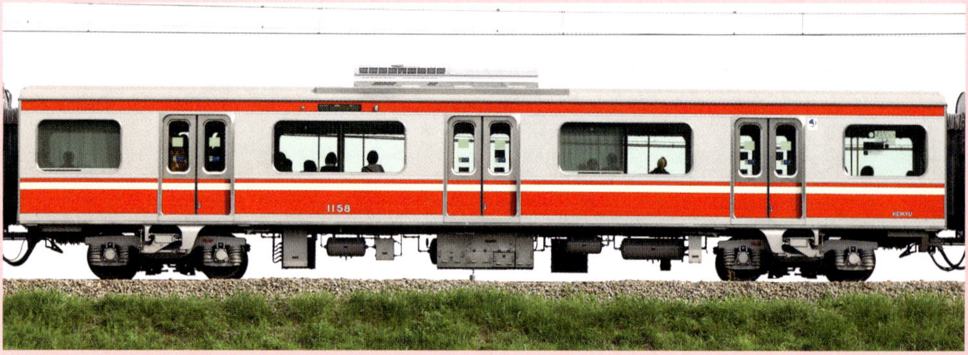
1158
KEIKYU

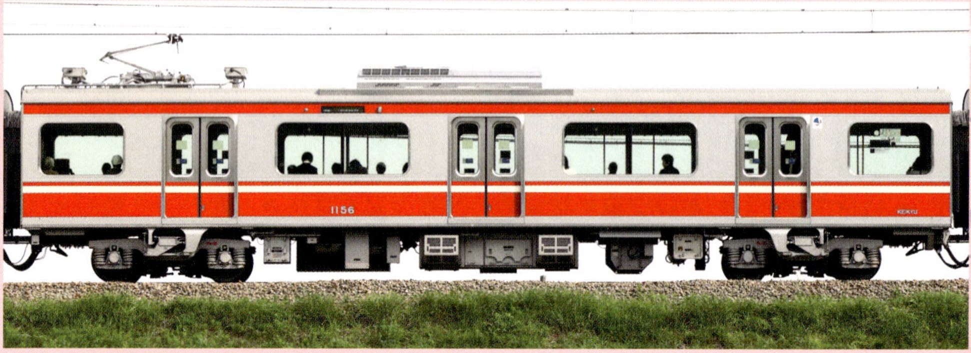
1156
KEIKYU

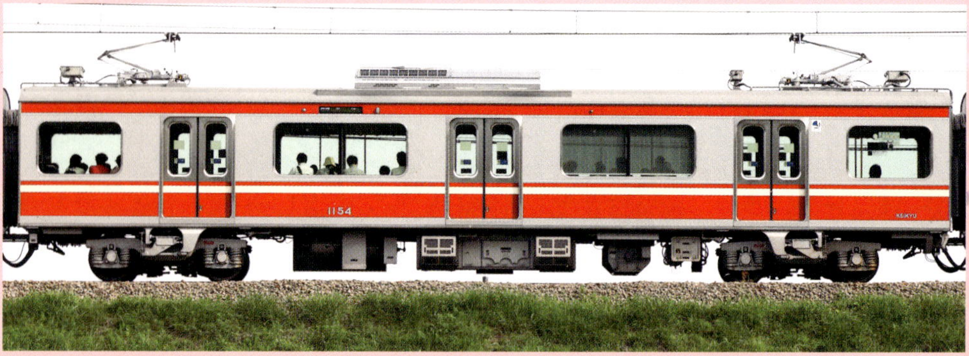
1154
KEIKYU

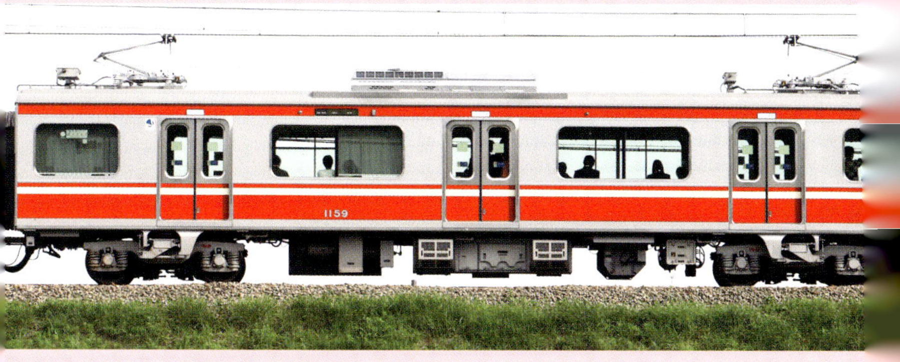
1159

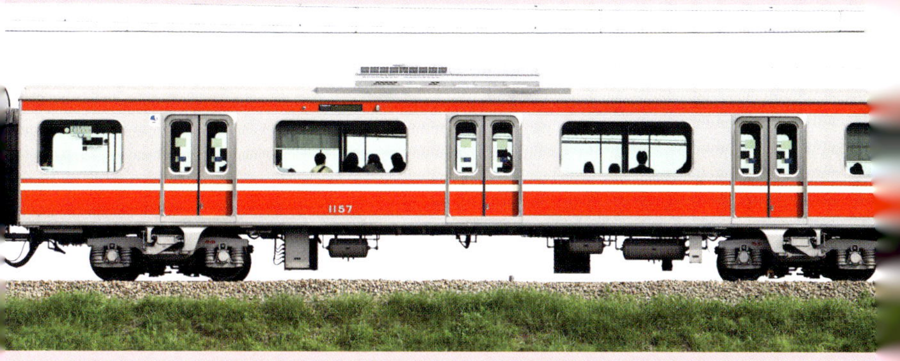
1157

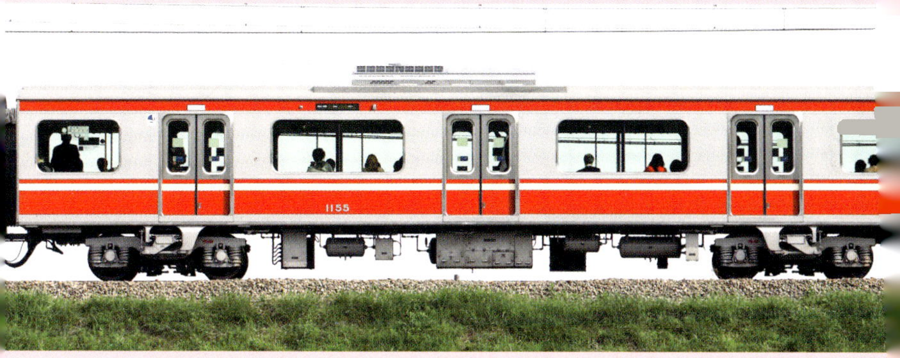
1155

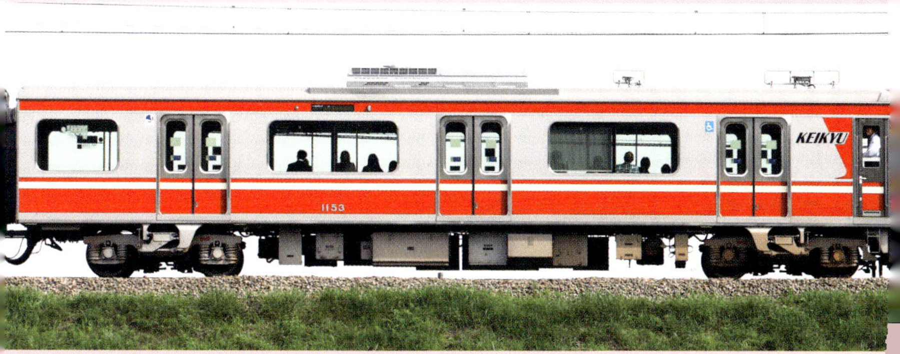
KEIKYU
1153